KATSCHEMBA

Prüfungswissen Fachkraft/Servicekraft für Schutz und Sicherheit

Band 2

Prüfungswissen Fachkraft/Servicekraft für Schutz und Sicherheit

Band 2

Anwendung von Rechtsgrundlagen für Sicherheitsdienste

Torsten Katschemba
Diplom-Wirtschaftsjurist (FH)
Master of Business Law

BOORBERG

Bibliografische Information der Deutschen Nationalbibliothek |
Die Deutsche Nationalbibliothek verzeichnet diese Publikation in der Deutschen Nationalbibliografie; detaillierte bibliografische Daten sind im Internet über www.dnb.de abrufbar.

ISBN 978-3-415-06877-3

Anfragen gemäß EU-Verordnung über die allgemeine Produktsicherheit (EU) 2023/988 (General Product Safety Regulation – GPSR) richten Sie bitte an: Richard Boorberg Verlag GmbH & Co KG, Produktsicherheit, Scharrstraße 2, 70563 Stuttgart; E-Mail: produktsicherheit@boorberg.de

Titelfoto: © Андрей Яланский – stock.adobe.com | Satz: abavo GmbH, Nebelhornstraße 8, 86807 Buchloe | Druck und Bindung: CPI books GmbH, Eberhard-Finck-Straße 61, D-89075 Ulm

Richard Boorberg Verlag GmbH & Co KG | Scharrstraße 2 | 70563 Stuttgart
Stuttgart | München | Hannover | Berlin | Weimar | Dresden
www.boorberg.de

Der Autor

Torsten Katschemba

geb. 1962, Master of Business Law und zweite Staatsprüfung für das Lehramt an beruflichen Schulen; Diplom-Wirtschaftsjurist (FH); Weiterbildungsstudium im Compliancemanagement. Seit 1996 in der Sicherheitswirtschaft tätig; zuvor in der behördlichen Sicherheit. Daneben seit 2002 Lehrer in der Landesfachklasse Schutz und Sicherheit (Bundesland Brandenburg) am Oberstufenzentrum Märkisch-Oderland in Strausberg und seit 2008 Lehrbeauftragter im Fachbereich Polizei und Sicherheitsmanagement an der Hochschule für Wirtschaft und Recht Berlin. Darüber hinaus arbeitet der Autor für die Deutsche Akkreditierungsstelle (DAkkS GmbH) als Fach- und Systembegutachter mit den Schwerpunkten berufliche Weiterbildung und Sicherungsdienstleistungen. Er war als Sachverständiger an der Entwicklung der Berufsbilder Schutz und Sicherheit beim Bundesinstitut für Berufsbildung (BIBB) beteiligt, ist im Bundesverband der Sicherheitswirtschaft (BDSW) sowie im fachlichen Lektorat der Zentralstelle für Prüfungsaufgaben (ZPA Nord West) aktiv und leitet die zentrale Prüfungskommission Schutz und Sicherheit bei der Industrie- und Handelskammer (IHK) Ostbrandenburg.

Der Fachbeirat

Bundesweiter Arbeitskreis der Lehrer/innen an beruflichen Schulen für Schutz und Sicherheit zur Lernfeldumsetzung der Berufe in der Sicherheitswirtschaft (nachfolgend als „Bundesarbeitskreis Lehrer Schutz und Sicherheit" bezeichnet).

Inhaltsverzeichnis

1 Einleitung

Die Veröffentlichung ist vorrangig zur Unterstützung der Berufsausbildung in den Berufen „**Fach- und Servicekraft für Schutz und Sicherheit**“ gedacht. Die Idee zu diesem Werk entstand nach Befragungen von Absolventen beider Berufsausbildungen sowie nach einschlägiger Literaturrecherche. Diese ergaben, dass es zwar umfangreiche Literatur zu den von der Zentralstelle für Prüfungsaufgaben Nord-West vorgegebenen Inhalten[1] des Prüfungsbereiches „**Anwendung von Rechtsgrundlagen für Sicherheitsdienste**“ gibt, es fehlt jedoch in allen Werken eine direkte Heranführung des Lesers an die konkreten, komplexen Prüfungsanforderungen. Diese Lücke soll durch diese Veröffentlichung geschlossen werden. Sie soll zudem weiteren Nutzern die Möglichkeit bieten, sicherheitsrelevante und berufstypische Rechtsaufgaben im geforderten Umfang zu bearbeiten.

Nachfolgend wird auf die Gesamtprüfungsregelungen der beiden Berufsbilder Fach- und Servicekraft für Schutz und Sicherheit eingegangen. Beide Berufe sind dem kaufmännischen Teil der Abschlussprüfungen der Industrie- und Handelskammern zugeordnet. Auf den entsprechenden Kammerseiten sind Termine dann auch zu finden.

Die vier schriftlichen Prüfungsteile in der Berufsausbildung zur „**Servicekraft für Schutz und Sicherheit**“ werden in der Regel während des zweiten Ausbildungsjahres, im Zeitraum von Mitte des Monats April bis Mitte des Monats Mai, an zwei aufeinanderfolgenden Tagen bundeseinheitlich abgelegt. Das fallbezogene Fachgespräch erfolgt dann im Anschluss, je nach Festlegung der prüfenden Industrie- und Handelskammer, in der Regel in den Monaten Juni/Juli.

1 ZPA Nord-West (Hrsg.): Prüfungskataloge für die IHK Abschlussprüfungen FKSS/SKSS, Stand 08/2010, S. 10–13.

<table>
<tr><th colspan="6">Abschlussprüfung zur Servicekraft für Schutz und Sicherheit (SKSS)</th></tr>
<tr><th>Prüfungsteile</th><th>Zeit</th><th colspan="2">Gewichtung</th><th colspan="2">Bestehensregelungen</th></tr>
<tr><td>Situationsgerechtes Verhalten und Handeln</td><td>60 Min.</td><td colspan="2">20 %</td><td>Kein ungenügend (6)</td><td rowspan="5">Mindestens ausreichend (4)</td></tr>
<tr><td>Anwendung von Rechtsgrundlagen</td><td>90 Min.</td><td colspan="2">30 %</td><td>Mindestens ausreichend (4)</td></tr>
<tr><td>Wirtschafts- und Sozialkunde (WiSo)</td><td>45 Min.</td><td colspan="2">10 %</td><td>Kein ungenügend (6)</td></tr>
<tr><td>Durchführung von Schutz u. Sicherheitsmaßnahmen</td><td>45 Min.</td><td>30 %</td><td rowspan="2">40 %</td><td>Kein ungenügend (6)</td></tr>
<tr><td>Fallbezogenes Fachgespräch</td><td>20 Min</td><td>70 %</td><td>Kein ungenügend (6)</td></tr>
<tr><td colspan="6">Mindestens zwei weitere Fächer (außer Recht) ausreichend (4)</td></tr>
</table>

Darstellung 1: Gewichtungs- und Bestehensregelungen SKSS

Entscheidend und spezifisch bei der „Servicekraft für Schutz und Sicherheit“ ist, dass der Prüfungsteil „Anwendung von Rechtsgrundlagen für Sicherheitsdienste“ ein sogenanntes Sperrfach darstellt. Das heißt, sobald die Prüflinge nicht die für die Note „Ausreichend“ notwendigen fünfzig Prozent der Prüfungsleistung erreichen, ist die Gesamtprüfung nicht bestanden. Bedenkt man dabei, dass gerade die Ausbildungsberufe mit einer zweijährigen Ausbildungszeit auch für Bewerber mit geringeren schulischen Vorleistungen die Chance eines vollwertigen Anschlusses eröffnen sollen[2], stellt sich die Frage nach der Notwendigkeit einer solchen Regelung. Gerade die Anforderungen in Recht stellen für viele Auszubildende eine große Hürde dar.

In der zweigeteilten Abschlussprüfung der dreijährigen Berufsausbildung zur „**Fachkraft für Schutz und Sicherheit**“ findet im ersten Teil die schriftliche Prüfung im Bereich „Anwendung von Rechtsgrundlagen für Sicherheitsdienste“ statt.

2 Bellaire et.al.: Zweijährige Ausbildungsgänge – eine Chance für Jugendliche mit schlechten Startchancen?, Bonn 2006, S. 11.

Dies erfolgt parallel zur „Servicekraft“ und mit gleichem Inhalt sowie gleichem Bewertungsmodus. Allerdings sind Gewichtung und Einfluss auf das Gesamtprüfungsergebnis hier vollkommen anders. „Fachkraft“ könnte man daher auch mit weit weniger als fünfzig von hundert Punkten bei der „Anwendung von Rechtsgrundlagen für Sicherheitsdienste“ werden. Geschuldet ist diese Tatsache wohl in erster Linie berufsbildungsrechtlicher Regelungen aufgrund der Besonderheit der zweigeteilten Prüfung.

<table>
<tr><th colspan="6">Abschlussprüfung zur Fachkraft für Schutz und Sicherheit (FKSS)</th></tr>
<tr><th>Prüfungsteile</th><th>Zeit</th><th>Gewichtung</th><th colspan="3">Bestehensregelungen</th></tr>
<tr><td colspan="6">Teil I</td></tr>
<tr><td>Situationsgerechtes Verhalten und Handeln</td><td>60 Min.</td><td>20 %</td><td colspan="2" rowspan="2">Keine spezielle Notenregelung</td><td rowspan="7">Teil I und II: Mindestens ausreichend (4)</td></tr>
<tr><td>Anwendung von Rechtsgrundlagen</td><td>90 Min.</td><td>20 %</td></tr>
<tr><td colspan="5">Teil II</td></tr>
<tr><td>Wirtschafts- und Sozialkunde (WiSo)</td><td>60 Min.</td><td>10 %</td><td>Kein Ungenügend (6)</td><td rowspan="4">Mind. ausreichend (4)</td></tr>
<tr><td>Konzepte für Schutz und Sicherheit</td><td>90 Min.</td><td>30 %</td><td>Mindestens Ausreichend (4)</td></tr>
<tr><td>Sicherheitsorientiertes Kundengespräch</td><td>30 Min.</td><td>20 %</td><td>Kein Ungenügend (6)</td></tr>
<tr><td colspan="4">Zusätzlich im Teil II: WiSo <u>oder</u> Sicherheitsorientiertes Kundengespräch = ausreichend (4)</td></tr>
</table>

Darstellung 2: Gewichtungs- und Bestehensregelungen FKSS

Abschließend zu den Übersichten der Gewichtungs- und Bestehensregelungen für beide Berufsbilder ist zu erwähnen, dass bei der zweijährigen Berufsausbildung zur „**Servicekraft für Schutz und Sicherheit**“ nach wie vor eine **Zwischenprüfung** vorgesehen und durchgeführt wird. Diese findet in der Regel im Monat März des ersten Ausbildungsjahres statt und beinhaltet ebenfalls rechtliche Thematiken. Anforderungsniveau und Inhalte unterscheiden sich hier wesentlich von denen der Abschlussprüfung. Auf diesen Prüfungsteil wird in den Kapiteln 5 und 6 des vorliegenden Werkes eingegangen. Bei der Ausbildung zur „Fachkraft für Schutz und Sicherheit" entfällt seit der neuen Verordnung über die Berufsausbildung aus 2008 die Zwischenprüfung aufgrund der Zweiteiligkeit der Abschlussprüfung.

Neben den Verordnungen über die Berufsausbildungen zur „Fach- bzw. Servicekraft für Schutz und Sicherheit"[3] bietet der Prüfungskatalog der Zentralstelle für Prüfungsaufgaben der Industrie- und Handelskammern Nord-West (ZPA Nord-West), der ebenfalls 2009 herausgegeben wurde, wichtige Hinweise.

Des Weiteren wurden im Folgenden die Prüfungsergebnisse für die „Fach- und Servicekraft für Schutz und Sicherheit" der Abschlussprüfungen Sommer 2010 bis Sommer 2020 ausgewertet.

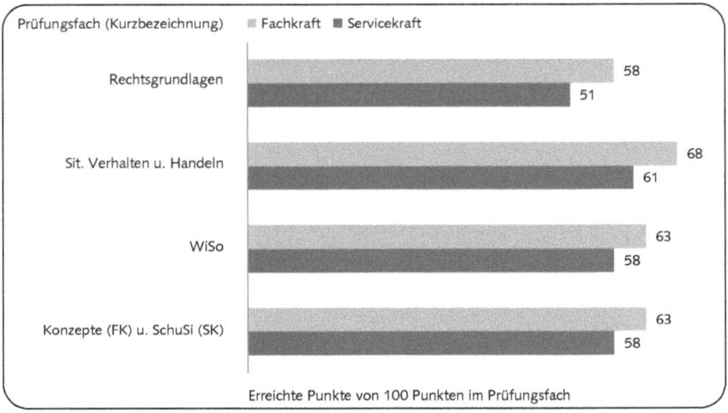

Darstellung 3: Ergebnisse der Prüfungen Sommer 2010 bis Sommer 2020 nach der Prüfungsstatistik der IHK

3 Verordnungen über die Berufsausbildung „Servicekraft für Schutz und Sicherheit" und „Fachkraft für Schutz und Sicherheit" vom 21.05.2008.

Die Auswertung von neunzehn Abschlussprüfungen auf Grundlage der im Internet verfügbaren Prüfungsstatistik der Industrie- und Handelskammern ergab im Prüfungsbereich Rechtsgrundlagen mit Abstand die **schwächsten Leistungen**. Über die tatsächlichen Ursachen dieser Entwicklung kann nur gemutmaßt werden, da es dazu bisher keine belastbaren Unterlagen gibt.

Ziel dieses Werkes ist es daher unter anderem, den Lesern eine einheitliche und übersichtliche Gesamtdarstellung an die Hand zu geben, um den Prüfungsbereich Rechtsgrundlagen sicher und umfassend zu bearbeiten. Ausgehend von den Ausführungen zu den „Rechtsgrundlagen für Sicherheitsdienste" im Fachkompetenzbuch[4], wird die fachkompetente Bearbeitung komplexer Prüfungssachverhalte erläutert. Schwerpunkte stellen dabei die verschiedenen **Herangehensweisen zur Fallbearbeitung** dar. Auf Grundlage der bisherigen Prüfungsaufgaben werden abschließend **Beispielsachverhalte** bearbeitet, die den Prüflingen als Muster dienen sollen. Ziel ist es, die Leser in die Lage zu versetzen, komplexe Prüfungssachverhalte erfolgreich zu bearbeiten. Das vorliegende Werk versteht sich daher in erster Linie als eine sinnvolle Ergänzung der vorhandenen Literatur.

Der bundesweite Arbeitskreis der Berufsschullehrer Schutz und Sicherheit hat einen aktiven Beitrag an der Entstehung des Werkes geleistet. Seitens des Arbeitskreises gab es für diese Veröffentlichung eine Reihe von Hinweisen zu Aufgabenstellung und Herangehensweise in der Erarbeitung der Prüfungsaufgaben sowie deren Bewertung. Hierfür gilt dem Arbeitskreis ein ganz besonderer Dank. Die konstruktiven Hilfen wurden aufgegriffen, an geeigneter Stelle in diesem Werk eingebracht und für die Leser optisch hervorgehoben.

Gegliedert ist die vorliegende Veröffentlichung in sechs Teile. Zuerst wird ein Einblick in die **Anforderungen des Prüfungsbereiches** „Anwendung von Rechtsgrundlagen" gegeben. Danach erfolgt eine Darstellung der Inhalte **bisheriger Prüfungen**

4 Bell et al.: Fachkraft/Servicekraft für Schutz und Sicherheit, Band 2 (Fachkompetenzbuch), Boorberg, Stuttgart, 7. überarbeitete Auflage 2019, S. 279–405.

bis zur Sommerprüfung 2020. Im Hauptteil erfolgen ausgehend von den Darstellungen im Fachkompetenzbuch **Hinweise für die Fallbearbeitung**. Auf Grundlage der bisherigen Prüfungsaufgaben werden anschließend **Beispielfälle** bearbeitet, die den Lesern als Muster dienen. Darüber hinaus wird den zukünftigen „Servicekräften für Schutz und Sicherheit" ein Einblick in die ausschließlich für sie erforderliche Zwischenprüfung gegeben.

- Einleitung
- Anforderungen der Prüfungsbereiche
- Analyse der bisherigen Prüfungen
- Lösungsstrategien für Rechtsgrundlagen
- Rechtliche Beispielfälle
- Zwischenprüfung

Darstellung 4: Aufbau des Werkes

Zielgruppe des vorliegenden Werkes sind in erster Linie Auszubildende, Umschüler und Weiterbildende zur „Fachkraft bzw. Servicekraft für Schutz und Sicherheit", die sich auf den Prüfungsbereich „Rechtsgrundlagen für Schutz und Sicherheit" bzw. die Zwischenprüfung vorbereiten wollen. Des Weiteren sind Lehrer, Ausbilder und Prüfer angesprochen, um den vorgenannten Personenkreis zielsicher durch die Prüfung führen sowie sachgerecht bewerten zu können. An Stellen im Buch, wo geschlechtsneutrale Formulierungen aus Gründen der Lesbarkeit unterbleiben, sind ausdrücklich stets alle Geschlechter angesprochen.

2 Prüfungsbereich Anwendung von Rechtsgrundlagen

2.1 Anforderungen

Der Prüfungsbereich „Anwendung von Rechtsgrundlagen für Sicherheitsdienste" ist Bestandteil der schriftlichen Abschlussprüfung der Berufe „Fach- und Servicekraft für Schutz und Sicherheit". Um die Aufgabenstellungen im Recht entsprechend lösen zu können, ist zunächst das **Anforderungsprofil** an die Prüfung zu analysieren. Die „Verordnungen über die Berufsausbildung zur Fach- bzw. Servicekraft für Schutz und Sicherheit" vom 21. Mai 2008 enthalten dazu folgende Vorgaben[5]:

„Der Prüfling soll nachweisen, dass er

a) *Gefährdungssituationen und Rechtsverstöße erkennen und rechtlich bewerten sowie*

b) *Handlungsmöglichkeiten unter Berücksichtigung der Rechte von Personen und Institutionen darstellen kann; …"*

In beiden Prüfungsverordnungen befindet sich der wortgleiche Text, weshalb es bisher auch typisch war, dass die Prüfungsaufgaben für beide Berufe identisch ausfielen. In der jeweils 90 Minuten andauernden Prüfung sollen berufstypische Rechtsaufgaben bearbeitet werden Der Prüfungsbereich hat allerdings jeweils unterschiedliche Auswirkungen auf das Prüfungsergebnis. Bei der „**Servicekraft für Schutz und Sicherheit**" wird er zum einem mit 30 Prozent von 100 gewichtet und zum anderen müssen zum Bestehen mindestens ausreichende Ergebnisse (50 Punkte von 100) erzielt werden.[6]

Bei der „**Fachkraft für Schutz und Sicherheit**" beträgt die Wichtung 20 Prozent von 100. Weitere Einschränkungen gibt

---

5 Verordnungen über die Berufsausbildungen zur „Fach-/Servicekraft für Schutz und Sicherheit" vom 21.05.2008, § 7 Abs. 5.

6 Verordnung über die Berufsausbildung „Servicekraft für Schutz und Sicherheit" vom 21.05.2008, § 6.

es hier nicht.[7] Dies ist wohl insbesondere dem Umstand geschuldet, dass der rechtliche Prüfungsbereich im ersten Teil der zweigeteilten Abschlussprüfung zur Fachkraft stattfindet. Das führt in der Praxis hin und wieder zu erklärungsbedürftigen Nachfragen von Ausbildenden, die beide Berufe anbieten.

Fachkraft für Schutz und Sicherheit	Servicekraft für Schutz und Sicherheit
Teil 1 der Abschlussprüfung	Abschlussprüfung
Gewichtung: 20 Prozent	Gewichtung: 30 Prozent
Mindestanforderung: Keine	Mindestanforderung: Ausreichend (4)

Darstellung 5: Unterschiede in den Anforderungen im Prüfungsteil „Anwendung von Rechtsgrundlagen für Sicherheitsdienste"

Neben den genannten Unterschieden gibt es natürlich in erster Linie eine Menge von **Gemeinsamkeiten** in den Anforderungen. Die Prüfungen beinhalten grundsätzlich zwei Sachverhalte mit unterschiedlichen Aufgabenstellungen. Jeder Sachverhalt ist auf fünfzig Punkte angelegt, so dass jede Prüfung einhundert erreichbare Punkte beinhaltet.

Fachkraft für Schutz und Sicherheit	Servicekraft für Schutz und Sicherheit
– 90 Minuten Bearbeitungszeit – Zwei Fälle, die sich inhaltlich nach jeder Frage fortführen – Je Fall drei bis sechs Aufgabenstellungen/Fragen – Je Aufgabenstellung 6 bis 30 Punkte – 100 erreichbare Punkte (50 Punkte je Fall)	

Darstellung 6: Gemeinsamkeiten in den Anforderungen im Prüfungsteil „Anwendung von Rechtsgrundlagen für Sicherheitsdienste"

7 Verordnung über die Berufsausbildung „Fachkraft für Schutz und Sicherheit" vom 21.05.2008, §§ 6, 8.

Wer sich ernsthaft mit den Prüfungsanforderungen auseinandersetzen möchte, kommt nicht um die Literatur der „**Prüfungskataloge für die IHK-Abschlussprüfungen**" herum. Durch die Zentralstelle für Prüfungsaufgaben der Industrie- und Handelskammern (ZPA Nord-West) wurden für jeden der beiden Ausbildungsberufe Schutz und Sicherheit solche Kataloge erstellt und herausgegeben. Die Inhalte konkretisieren die Themenkreise und sind in Hinblick auf eine gezielte Prüfungsvorbereitung von besonderer Bedeutung.

Lernfeldbezug	Themenbereiche
Rechtsgrundlagen des Handlungsrahmens für Sicherheitsdienste beachten und anwenden. Lernfelder 3,5	Gewerbeordnung, Bewachungsverordnung Berufsgenossenschaftliche Vorschriften Strafgesetzbuch
Rechte von Personen und Institutionen beachten. Lernfeld 5	Grundgesetz Kunsturhebergesetz Arbeitsschutzgesetze Selbsthilferechte Bürgerliches Gesetzbuch
Gefährdungssituationen rechtlich bewerten. Lernfeld 5	Berufsgenossenschaftliche Vorschriften
Rechtsverstöße erkennen und beurteilen. Lernfeld 5	Rechtsgrundlagen des Straf- und Strafverfahrensrechts Vorschriften des Bürgerlichen Gesetzbuches

Darstellung 7: Inhalte des Prüfungskataloges des ZPA Nord-West

Die Themenkreise ergeben sich aus der Interpretation des Ausbildungsrahmenplans sowie der Zuordnung der Inhalte durch den zuständigen Fachausschuss. Die genannten Gesetze, Verordnungen, Abkommen und sonstigen Regelungen sind jeweils in der zum Prüfungstermin gültigen Fassung anzuwenden. Sie sind auch dann zu beachten, wenn dies nicht ausdrücklich vermerkt ist. Fragenkomplexe, die auf Arbeitsvorgänge in den jeweiligen Ausbildungsbetrieben abstellen sind nur insofern für den schriftlichen Teil der Prüfung relevant, als es sich um allgemein gültige Zusammenhänge handelt.[8]

Der Prüfungskatalog ist nach einem bestimmten Schema aufgebaut. Er unterscheidet nach Fragenkomplex, Themenkreis/Inhalte/Erläuterungen und gibt Beispiele für betriebliche Handlungen. Der Aufbau soll an dem nachfolgenden Auszug aus dem Prüfungsbereich „Anwendung von Rechtsgrundlagen für Sicherheitsdienste" visualisiert werden.

Fragenkomplex	**Themenkreis, Inhalte, Erläuterungen**	**Beispiele für betriebliche Handlungen**
Rechtsverstöße erkennen und beurteilen LF 5	Rechtsgrundlagen des Straf- und Strafverfahrensrechts und ergänzende Vorschriften des bürgerlichen Rechts	Sachverhalt auf – tatbestandsmäßiges, – rechtswidriges und – schuldhaftes Verhalten prüfen. Des Weiteren: – Begehungs- und Unterlassungstatbestände kennen – Straftaten, rechtswidrige Taten und unerlaubte Handlungen rechtlich bewerten – Detaillierte Beschreibung der Tatbestandsmerkmale. ...

Darstellung 8: Beispieltext aus dem Prüfungskatalog für die IHK-Abschlussprüfung FKSS

Bereits der Blick auf diese grobe Übersicht lässt die mögliche Vielfalt von Sachverhalten und Aufgabenstellungen für einen solchen Prüfungssachverhalt erahnen. Bei jeder Prüfung erhält der Prüfling einen Aufgabenbogen mit **zwei sich fortschreibenden Sachverhalten**, die in der Prüfung vollständig

8 ZPA Nord-West (Hrsg.): Prüfungskataloge für die IHK Abschlussprüfungen FKSS/SKSS, Stand 08/2010, Vorbemerkung.

zu bearbeiten sind. Zu jedem Sachverhalt gibt es bis zu sechs Fragestellungen in unterschiedlichen Anforderungsbereichen.

Bezeichnung	Inhalt	Umfang
Aufgaben-bogen	Zwei sich fortschreibende Sachverhalte	Je 3–4 Seiten DIN A4
	Je Sachverhalt und nach jeder Fortschreibung erfolgt eine Aufgabenstellung.	Je 3–6 Aufgaben

Darstellung 9: Inhalt und Umfang der Prüfungsfälle

Der zur Verfügung stehende **Zeitrahmen** zur Erarbeitung der Sachverhaltslösungen wird unterschiedlich gesehen. Den Prüfungsteilnehmern stehen 90 Minuten Gesamtbearbeitungszeit zur Verfügung. Die Anzahl der zu bearbeitenden Aufgaben schwankt zwar; jedoch hat dies keinen wesentlichen Einfluss, da beide Sachverhalte mit 50 Punkten angesetzt sind. Anstelle von mehr Aufgaben sind manche Aufgaben umfangreicher und/oder nochmals unterteilt.

2.2 Auswertung bisheriger Prüfungen

Für die Bewertung der Prüfung im Bereich „Anwendung von Rechtsgrundlagen für Sicherheitsdienste“ machen die Verordnungen über die Berufsausbildung zur „Fach- bzw. Servicekraft für Schutz und Sicherheit“ keine direkten Vorgaben. In der Umsetzungsempfehlung des Deutschen Industrie- und Handelskammertags (DIHK)[9] wird die Gewichtung in der Bewertung auf Basis des 100-Punkte-Modus der IHK empfohlen. In jedem der beiden Sachverhalte waren bisher jeweils fünfzig Punkte zu erreichen.

9 DIHK (Hrsg.): Umsetzungsempfehlungen für die Durchführung der Abschlussprüfungen Fach- und Servicekraft für Schutz und Sicherheit, Stand Juni 2009. S. 12.

Die Auswertung der bisherigen Prüfungen ergab, dass sich die Inhalte in vier Kategorien einteilen lassen. Den Hauptanteil beanspruchen Fragestellungen zu konkreten **Straftatbeständen**. Fast gleichauf sind Fragen zu **zivilrechtlichen Ansprüchen** und **Jedermannsrechten**. Sonstige Fragestellungen haben sich bisher mit dem Gewerbe-/Bewachungsrecht, dem Waffengesetz, der DGUV-Vorschrift 23 sowie der Unterscheidung von öffentlichem/privatem Recht befasst.

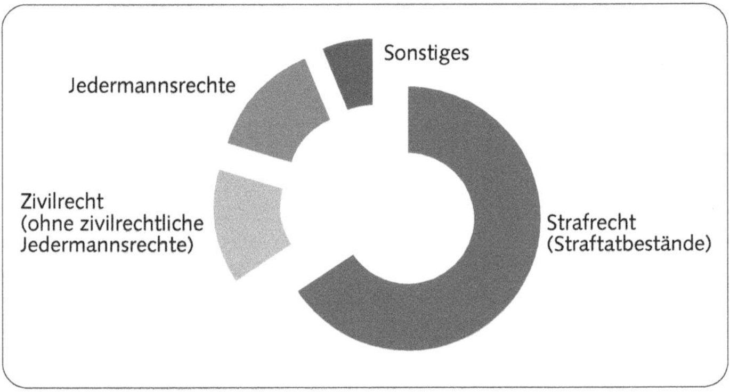

Darstellung 10: Verteilung der Themenkomplexe in den Prüfungen Sommer 2009 bis Sommer 2020

Das so gewonnene Bild von den Anforderungen der bisherigen Prüfungen lässt die anspruchsvolle Prüfung in einen machbaren und überschaubaren Bereich rücken. Exemplarisch sind in der nachfolgenden Abbildung die Inhalte der Sommerprüfung 2020 dargestellt.

Straftatbestände 66 Punkte	**Zivilrecht** 18 Punkte	**Jedermannsrechte** 10 Punkte	**Sonstiges** 06 Punkte
Hausfriedensbruch Gefährliche Körperverletzung Brandstiftung Missbrauch von Notrufen Sachbeschädigung Schwerer Raub Freiheitsberaubung	Selbsthilfe des Besitzers Schadenersatz aus unerlaubter Handlung	Notwehr	Unerlaubtes Führen von Schusswaffen

Darstellung 11: Beispielhafte Inhalte der Sommerprüfung 2020

Bei einer detaillierten Betrachtung der bisherigen Abschlussprüfungen nach der vorgenannten Einteilung in die Bereiche Strafrecht, Zivilrecht, Jedermannsrechte und Sonstiges lässt sich der Anspruch noch näher bestimmen und erkennen.

Strafrecht		
Straftatbestände – inklusive aller Stadien und Beteiligungsformen – Reihenfolge nach Häufigkeit	**Häufigkeit der Abforderung**	**Anzahl zu erreichender Punkte**
Körperverletzung (alle Formen)	25	04–13
Sachbeschädigung	24	04–12
Hausfriedensbruch	17	04–15
Diebstahl (alle Formen)	14	07–14
Nötigung	12	04–15
Beleidigung	06	04–07
Urkundenfälschung	06	04–07
Betrug	05	07–15
Branddelikte (alle Formen)	06	07–10

Strafrecht		
Amtsanmaßung	04	05–10
Hehlerei	04	05–12
Erschleichen von Leistungen	04	04–10
Raub	04	10–15
Räuberischer Diebstahl	03	07–12
Unterlassen (alle Delikte des Unterlassens)	03	04–10
Verletzung des Briefgeheimnisses	02	12
Ausspähen von Daten	01	08
Unerlaubte Bildaufnahmen	01	10
Unterlassene Hilfeleistung	01	10
Erpressung	01	12
Unerlaubter Gebrauch eines Fahrzeuges	01	08
Üble Nachrede	01	08
Begünstigung	01	08
Freiheitsberaubung	01	10
Missbrauch von Notrufen u. a.	01	10

Darstellung 12: Häufigkeit der strafrechtlichen Tatbestände in den bisherigen Prüfungen und deren Bewertung

Bei der Betrachtung der Anzahl der zu erreichenden Punkte fällt auf, dass zum Teil ein weiter Bereich von vier bis zu fünfzehn Punkten auf einen Straftatbestand entfällt.

Zivilrecht		
Anspruch	**Häufigkeit der Abforderung**	**Anzahl zu erreichender Punkte**
Herausgabeanspruch – Selbsthilfe des Besitzers	12	03–20
Schadenersatzanspruch – Unerlaubte Handlung	12	04–25
Gutgläubiger Erwerb einer Sache	01	07

Darstellung 13: Häufigkeit zivilrechtlicher Anspruchsgrundlagen in den bisherigen Prüfungen und deren Bewertung

Jedermannsrechte		
Recht	**Häufigkeit der Abforderung**	**Anzahl zu erreichender Punkte**
Notwehr	12	04–10
Vorläufige Festnahme nach StPO	12	05–10
Selbsthilfe nach BGB	04	10–12
Notstand	02	08–10

Darstellung 14: Häufigkeit der Jedermannsrechte in den bisherigen Prüfungen und deren Bewertung

Sonstiges		
Inhalt	**Häufigkeit der Abforderung**	**Anzahl zu erreichender Punkte**
Gewerbeordnung/ Bewachungsverordnung	06	05–09
DGUV-Vorschrift 23	03	06–07
Waffengesetz	04	05–08
Unterschied Öffentliches Recht zu Privatrecht	01	06

Darstellung 15: Häufigkeit der sonstigen Aufgabenbereiche in den bisherigen Prüfungen und deren Bewertung

Anzumerken ist, dass es sich um Aufstellung von Prüfungsinhalten aus dem Zeitraum der letzten zwanzig Prüfung seit der Sommerprüfung 2009, also seit der Prüfungsverordnung aus 2008, handelt. Entscheidend für die Vorbereitung auf die Prüfung und deren möglicher Inhalt ist immer der Prüfungskatalog der ZPA Nord-West.

Prüfungshinweis

Seitens des Bundesarbeitskreises der Lehrer für Schutz und Sicherheit wird angemerkt, dass die Anzahl der zu erreichenden Punkte in den Prüfungsbereichen sehr schwankt. Hier sollte der Erstellungsausschuss für Prüfungen bei der ZPA Nord-West in die Pflicht genommen werden.

3 Lösungsstrategien bei der Anwendung von Rechtsgrundlagen

3.1 Allgemeine Hinweise

Zuallererst ist das genaue Lesen und korrekte Erfassen der **Aufgabenstellung** ein nicht zu unterschätzender Vorgang. Bereits hier werden die Stellschrauben für den späteren Prüfungserfolg gestellt. Nichtlesen, Nichtrichtiglesen und Fehler in der Erfassung können zu hohen Punktabzügen bis hin zum Nichtbestehen der Prüfung führen. So gibt es aus der Prüfungshistorie viele Beispiele, bei denen auf die Fragestellung nach den zivilrechtlichen Folgen einer Handlung mit strafrechtlichen Folgen geantwortet wurde. Insbesondere die sogenannten Operatoren spielen in der Fragestellung eine bedeutende Rolle. Dazu wird in der Folge gesondert eingegangen.

Bei der Darstellung der Ergebnisse sollten unbedingt die nachfolgenden **Hinweise** beachtet werden:

- Nehmen Sie alles Erforderliche, aber nichts Überflüssiges in Ihre Antwort auf.
- Strukturieren Sie Ihre Antwort stets optisch und gedanklich klar und eindeutig.
- Achten Sie auf sprachlich korrekte Formulierungen und eine klare, verständliche Ausdrucksweise.
- Setzen Sie konsequent die erforderliche juristische Fachsprache ein.
- Achten Sie auf eine angemessene äußere Form, insbesondere auf Lesbarkeit.
- Gestalten Sie Ihren Text übersichtlich.
- Bei der Verwendung von Abkürzungen schreiben Sie die relevante Bezeichnung grundsätzlich einmal aus.
- Achten Sie auf die Zuordnung Ihres Textes zu den jeweiligen Fragestellungen.

Die Nichtbeachtung dieser Hinweise kostet Zeit und beeinträchtigt auch die Qualität der Lösung. Für die abschließende Überprüfung des so erzielten Ergebnisses muss ebenfalls ausreichend Zeit eingeplant werden. Dabei sollte man seine Lösung nochmals durchlesen sowie auf **Vollständigkeit** und Korrektheit prüfen. Dabei ist unbedingt darauf zu achten, dass auch alle Teilaufgaben bearbeitet wurden. Inhaltliche Defizite und Fehler sind dabei möglichst zu korrigieren. Dabei sollte auch die Rechtschreibungs- und Grammatikprüfung Anwendung finden.

Der Einsatz von **Fachterminologie** stellt bei der Bearbeitung und Darstellung des Ergebnisses eine Herausforderung dar. Deren korrekter Einsatz ist eine unabdingbare Grundkompetenz bei der Anwendung von Rechtsgrundlagen. In der Prüfung sollte daher auf deren korrekten Einsatz geachtet werden. So wird das Wort „leihen" umgangssprachlich für alle Rechtsverhältnisse eingesetzt, bei denen eine Sache nur vorübergehend den Besitzer wechselt. Rechtlich handelt es sich hierbei jedoch oft nicht um eine unentgeltliche Leihe, sondern vielmehr um ein entgeltliches Mietverhältnis.

Prüfungshinweis

Seitens des Bundesarbeitskreises der Lehrer für Schutz und Sicherheit wird angemerkt, dass in den bisherigen Prüfungssätzen des ZPA Nord-West der vorhandene Raum zur Beantwortung der Prüfungsaufgaben nicht immer ausreichend war. Es wäre daher hilfreich für die Prüfungsteilnehmer einen Hinweis einzufügen, dass dem so ist und er sich nicht zwingend darauf verlassen sollte, dass nach Ausfüllen des angedachten Raumes in jedem Fall ein ausreichendes Prüfungsergebnis zu erzielen ist.

3.2 Rechtsoperatoren

Als **Operatoren** werden ganz bestimmte Wörter bezeichnet. Operatoren sind Signalwörter, die den Prüflingen in einer beliebigen Aufgabenstellung begegnen können und darüber Auskunft geben, was bei der jeweiligen Aufgabe überhaupt zu tun ist. Operatoren sind insofern **Arbeitsanweisungen**, die Art, Breite und Tiefe der Lösung vorgeben. Dabei ist zu beachten, dass sich Operatoren im Fachbereich Recht zum Teil von denen anderer Fachbereiche deutlich unterscheiden.[10]

Operatoren sind in drei **Anforderungsbereiche (AFB)** eingeteilt, die den Schwierigkeitsgrad der entsprechenden Aufgabe widerspiegeln:[11]

- Reproduktion (AFB I),
- Reorganisation (AFB II) und
- Transfer/Bewertung (AFB III).

Nicht in allen Fällen ist eine eindeutige Zuordnung eines Operators zu einem Anforderungsbereich möglich. Damit sind Operatoren letztendlich Signalwörter, die zeigen, was bei einer Aufgabe zu tun ist.

Der **Anforderungsbereich I** umfasst die Wiedergabe von Sachverhalten aus einem begrenzten Gebiet und im gelernten Zusammenhang sowie die Verwendung gelernter und geübter Arbeitstechniken und Methoden.

Operator	Definition	Prüfungsbeispiel
Nennen	Eine reine Auflistung wird verlangt.	Nennen Sie drei Voraussetzungen gemäß § 34a GewO/BewachV, die bei der oben genannten Veranstaltung einerseits an den Teamleiter und andererseits an die anderen Sicherheitsmitarbeiter/-innen gestellt werden.
Definieren	Gelernte Fachbegriffe, Rechtsnormen sind zu reproduzieren.	
Ermitteln	Bekannte Rechtsnormen müssen gefunden werden.	

Darstellung 16: Operatoren im Anforderungsbereich I

10 Ciolek/Vonderau: Abitur-Training Wirtschaft-Recht, Stark-Verlag, 2014, S. 2.

11 Geldschläger: Wortwuchs (https://wortwuchs.net/operatoren) letzter Zugriff 25.11.2019.

Der **Anforderungsbereich II** umfasst das selbstständige Bearbeiten, Ordnen und Erklären bekannter Sachverhalte sowie das angemessene Anwenden gelernter Inhalte und Methoden auf andere Sachverhalte.

Operator	Definition	Prüfungsbeispiel
Erläutern **Erklären** **Begründen**	Heißt, einen Zusammenhang darzustellen, also wie etwas abläuft, funktioniert, zusammenhängt; Zusammenhang zwischen Ursache und Wirkung herstellen, d. h. erklären „warum"	Erläutern Sie, wie das Verhalten des Mannes strafrechtlich zu beurteilen ist. Nennen und begründen Sie, welche Straftatbestände B und C verletzt haben!

Darstellung 17: Operatoren im Anforderungsbereich II

Der **Anforderungsbereich III** umfasst den wertenden Umgang mit neuen Problemstellungen sowie das selbstständige Anwenden von Methoden. Ziel ist es, zu eigenständigen Begründungen, Deutungen, Wertungen und Beurteilungen zu gelangen.

Operator	Definition	Prüfungsbeispiel
Prüfen **Würdigen**	Nach der Formulierung des theoretischen Anspruchs mit Anspruchsgrundlage zum gegebenen Rechtsfall muss eine systematische Normenanalyse und Subsumtion erfolgen.	Hierzu gab es bisher noch keine Fragestellung.

Darstellung 18: Operatoren im Anforderungsbereich III

Seitens des ZPA Nord-West ist von „Dimensionen der Aufgabenstellung" die Rede und es werden beispielhaft die Begriffe: „**nennen, erklären und beschreiben**" genannt. In der Auswertung der bisherigen Prüfungen kann daher davon ausgegangen werden, dass die Mehrzahl der Aufgaben dem **Anforderungsbereich II** zuzuordnen ist.

Das **Nennen** verlangt eine reine Auflistung. Dabei genügt in der Regel eine unkommentierte Spiegelstrichliste. Ein einleitender Satz bzw. sonstige Kommentierungen können dabei natürlich nicht schaden.

Das **Erklären** erfordert neben der Beschreibung eine weitergehende Erörterung von Inhalten und Zusammenhängen mit einer möglichst umfassenden Darstellung der Kenntnisse zu einem Sachverhalt.

Beschreiben erfordert einen geschlossenen in der Fachsprache formulierten Text, der die wesentlichen Aspekte eines Sachverhaltes im logischen Zusammenhang wiedergibt.[12]

Prüfungshinweis

Seitens des Bundesarbeitskreises der Lehrer für Schutz und Sicherheit wird angemerkt, dass in den bisherigen Prüfungssätzen des ZPA Nord-West auf die Operatoren nicht genügend hingewiesen wird. Des Weiteren sollte ein einheitlicher Abgleich zu den verwendeten Operatoren und deren Inhalt erfolgen und publiziert werden.

3.3 Strafrechtliche Fallbearbeitung

Bei der **strafrechtlichen Fallbearbeitung** ist, wie bei jeder anderen auch, besonders darauf zu achten, zuerst den Sachverhalt genau zu lesen und zu erfassen. Sinnvoll ist es auf jeden Fall, sich dabei **Notizen** zu machen. Insbesondere die handelnden Personen und ihre Rolle sollte bezeichnet werden. Man beginnt mit dem **Haupttäter** und mit den Straftaten in chronologischer Reihenfolge. Mittäter nach § 25 StGB sollten ebenfalls von Anfang an einbezogen werden. Bereits beim Durcharbeiten erkannte Straftaten sollten notiert werden.

12 Ciolek/Vonderau: Abitur-Training Wirtschaft-Recht, Stark-Verlag, 2014, S. 4.

3.3.1 Merkmale einer Straftat

Voraussetzung für die **Strafbarkeit eines Verhaltens** sind die drei Merkmale: **Tatbestandsmäßigkeit, Rechtswidrigkeit, Schuld**. Diese Merkmale werden bei jeder im Sachverhalt erkannten Straftat geprüft und zwar **immer** in dieser Reihenfolge[13]. Alle drei Merkmale müssen vorliegen, damit sich der Täter strafbar gemacht hat. Ist umgekehrt auch nur eines dieser Merkmale nicht erfüllt, so liegt keine Straftat vor. Dies ist unbedingt zu verinnerlichen.

Als viertes Merkmal ergänzend zu prüfen sind die sog. **Strafverfolgungsvoraussetzungen** bzw. der Strafantrag. Die genannten Merkmale sind im Folgenden näher erläutert.

1. **Tatbestandsmäßigkeit** (objektiv und subjektiv)

2. **Rechtswidrigkeit** (z.B. Rechtfertigungsgründe)

3. **Schuld** (z.B. Schuldausschließungsgründe)

4. **Verfolgungsvoraussetzungen** (z.B. Strafantrag)

Darstellung 19: Merkmale einer Straftat

(1) Tatbestandsmäßigkeit

Bei der **Tatbestandsmäßigkeit** werden zuerst die **Tatbestandsmerkmale** aufgeführt. Der Tatbestand ist im Gesetz beschrieben und erläutert, welches Verhalten strafbar ist. Dabei ist in **objektive** und **subjektive** Tatbestandsmerkmale zu unterscheiden.

13 Ebert et.al.: Lehrbuch Geprüfte Schutz- und Sicherheitskraft, Boorberg, Stuttgart, 5. überarbeitete Auflage, S. 60.

a) Objektiver Tatbestand

Der **objektive Tatbestand** beschreibt das äußere Erscheinungsbild einer Tat. Dies meint konkret die Tathandlung, den Taterfolg und die Kausalität (= Handlung des Täters ist für den Taterfolg „verantwortlich“). Den objektiven Tatbestand kann man durch **aktives Tun** (Tätigkeitsdelikte) oder durch **Untätigsein** (Unterlassungsdelikte) erfüllen. Ein Beispiel für ein Tätigkeitsdelikt ist die aktive Wegnahmehandlung einer fremden beweglichen Sache beim Diebstahl. Bei den Unterlassungsdelikten wird es vom Täter unterlassen, eine bestimmte Handlung vorzunehmen (z. B. Verkehrssicherungspflichten), wodurch der Taterfolg eintritt.

Beachte

Bei den Unterlassungsdelikten unterscheidet man zwischen echten und unechten Unterlassungsdelikten. Täter eines **echten Unterlassungsdeliktes** kann **jede Person** sein, die ein gesetzliches Gebot verletzt. Dies sind zum Beispiel Delikte wie die Nichtanzeige geplanter Straftaten (§ 138 StGB) oder die unterlassene Hilfeleistung (§ 323c StGB).

Unechte Unterlassungsdelikte können **nicht von jeder Person** begangen werden, sondern bedingen eine besondere Stellung. Hier spricht man von einer **Garantenstellung** (§ 13 StGB). Das heißt, jemand ist verpflichtet, eine Straftat bzw. einen sog. negativen Erfolg zu verhindern. Aufgrund des Arbeitsvertrages „garantiert“ die Sicherheitskraft, dass sie im Rahmen ihrer Dienstanweisung tätig wird (z. B. Abwehr von Gefahren). Verstößt der Sicherheitsdienstmitarbeiter dagegen und unternimmt nichts, macht er sich genauso strafbar, wie wenn er die Straftat selbst aktiv begangen hätte. Solche Delikte können zum Beispiel Körperverletzung oder Sachbeschädigung durch Unterlassen sein.

b) Subjektiver Tatbestand

Der **subjektive Tatbestand** beschäftigt sich mit der inneren **Gedankenwelt des Täters**. Zu klären ist demnach die Frage, ob der Täter fahrlässig oder vorsätzlich gehandelt hat. **Vorsätzlich** handelt, wer um den Tatbestand weiß und ihn verwirklichen will. **Fahrlässig** handelt dagegen, wer die Rechtsgutverletzung nicht vorhersieht, sie aber hätte vorhersehen können oder darauf vertraut, dass schon nichts passieren werde. Fahrlässiges Handeln ist nur strafbar, wenn es im Gesetz aufgeführt ist.

(2) Rechtswidrigkeit

Bei der Prüfung der **Rechtswidrigkeit** geht man zuerst davon aus, dass jemand, der einen Straftatbestand erfüllt, zugleich rechtswidrig handelte. Nur beim Vorliegen von **Rechtfertigungsgründen** ergibt sich keine Rechtswidrigkeit und damit auch keine Straftat. In solchen Fällen endet die Prüfung mit diesem Merkmal und der geprüften Feststellung, dass ein solcher Grund vorliegt. Wichtige **Rechtfertigungsgründe** sind:

- die Notwehr (§ 32 StGB),
- der rechtfertigende Notstand (§ 34 StGB),
- oder die vorläufige Festnahme (§ 127 StPO).

Bei der Prüfung der Rechtswidrigkeit wird dann auf den jeweiligen Rechtfertigungsgrund verwiesen und dieser dann begründet. Ist ein Rechtfertigungsgrund gegeben, braucht die Schuld nicht geprüft zu werden.

(3) Schuld

Die **Schuld** wird als vorletzter Schritt geprüft. Hier geht es um die Prüfung der persönlichen Vorwerfbarkeit der Tat gegenüber dem Täter. Sie kann entweder fehlen bei **Schuldunfähigkeit** des Täters oder wenn **Schuldausschließungsgründe** vorliegen.

Man unterscheidet die **Schuldunfähigkeit** von Personen unter 14 Jahren (immer schuldunfähig) und die Schuldunfähigkeit von Personen, die zur Tat geisteskrank waren oder unter Drogeneinfluss standen (in diesem Zustand schuldunfähig).

Wichtige **Schuldausschließungs- bzw. Entschuldigungsgründe** sind:

- der entschuldigende Notstand (§ 35 StGB) oder
- die Notwehrüberschreitung aus Verwirrung, Furcht und Schrecken (§ 33 StGB).

An Schuldausschließungs- bzw. Entschuldigungsgründe werden besondere Anforderungen gestellt. Hier handelt der schuldfähige Täter tatbestandsmäßig und rechtswidrig, jedoch ohne Schuld.

(4) Strafverfolgungsvoraussetzung

Danach wird – gegebenenfalls – auf vorhandene **Strafverfolgungshemmnisse** eingegangen. Diese betreffen nicht die Strafbarkeit des Verhaltens an sich, sondern fragen (nur) nach der Zulässigkeit der Strafverfolgung. In erster Linie geht es also um den **Strafantrag** bzw. dessen mögliches Erfordernis für die Strafverfolgung. Ob ein Strafantrag erforderlich ist oder nicht, ergibt sich aus dem Gesetz. Dabei unterscheidet man noch zwischen absoluten und relativen Antragsdelikten. Absolute Antragsdelikte werden ausschließlich auf Antrag des Betroffenen verfolgt, zum Beispiel Hausfriedensbruch und Beleidigung. Die Verfolgung relativer Antragsdelikte ist dagegen sowohl auf Antrag des Betroffenen oder von Amts wegen möglich. Beispiele sind die Straftatbestände der Sachbeschädigung oder des Diebstahls/der Unterschlagung geringwertiger Sachen.

3.3.2 Prüfschema

In der **Fallbearbeitung** sind auf der Grundlage der obigen Ausführungen verschiedene **Aufbauschemen** denkbar und bekannt. Nachfolgend werden diese am Straftatbestand der Körperverletzung (§ 223 StGB) exemplarisch aufgeführt. Dabei handelt es sich um eine aus dem Fachkompetenzbuch vorgeschlagene Variante sowie eine weitere aus der Fachliteratur.

Variante I – Fachkompetenzbuch[14]

I) **Tatbestand § 223 StGB (Körperverletzung)**

1) **Objektiver Tatbestand**

a) **Gegenstand der Tat/Tatobjekt**

Das Tatobjekt einer Körperverletzung ist immer die körperliche und gesundheitliche Unversehrtheit einer anderen Person.

b) **Tathandlung**

Das Gesetz sieht zwei Handlungsalternativen vor:

- Körperliche Misshandlung und
- Schädigung der Gesundheit.

Der Tatbestand der körperlichen Misshandlung erfordert ein übles und unangemessenes Behandeln einer anderen Person, das das körperliche Wohlbefinden oder die körperliche Unversehrtheit oder beides gemeinsam nicht unwesentlich beeinflusst. Beispiele für den Taterfolg von körperlichen Misshandlungen können sein: Prellungen, Beulen, Kratzer, Verlust eines Zahnes, Abschneiden von Haaren.

Die Gesundheitsschädigung ist das Hervorrufen oder die Steigerung eines nachteilig krankhaften Zustandes (körperlich/seelisch) des Opfers durch beispielsweise massive Lärmeinwirkung, nächtlichen Telefonterror oder Ansteckung mit einer Krankheit.

14 Bell et al.: Fachkraft/Servicekraft für Schutz und Sicherheit, Band 2 (Fachkompetenzbuch), Boorberg, Stuttgart, 7. überarbeitete Auflage 2019, S. 351–352.

2) **Subjektiver Tatbestand**

Es ist die Schuldform des Vorsatzes nötig, um den Tatbestand zu erfüllen. Der Täter muss die Körperverletzung im Bewusstsein ausführen, dass die Handlung die Beeinträchtigung des Wohlbefindens oder die Gesundheitsschädigung hervorrufen kann.

II) **Rechtswidrigkeit**

Ein Ausschließen der Rechtswidrigkeit kann durch strafrechtliche und zivilrechtliche Rechtfertigungsgründe erfolgen, z. B. Einwilligung in eine Körperverletzung nach § 228 StGB.

III) **Schuld**

Keine Besonderheiten.

IV) **Strafantrag**

Ein Strafantrag ist nach § 230 StGB erforderlich.

Variante II – weitere Fachliteratur[15/16]

I) **Tatbestand § 223 StGB (Körperverletzung)**
   1. **Objektiver Tatbestand**
      a) Alternative 1: körperliche Misshandlung
      b) Alternative 2: Gesundheitsschädigung
   2. **Subjektiver Tatbestand**

II) **Rechtswidrigkeit**

III) **Schuld**

IV) **Strafverfolgungsvoraussetzung**

V) **Strafantrag**, § 230 StGB

Variante III – Vereinfachte Form/Empfehlung

Die vom Autor **empfohlene Bearbeitung** von **strafrechtlichen Aufgaben** orientiert sich an den bisherigen Prüfungsanforderungen. Sie lässt sich in der Regel aus der Fragestellung: *„Nennen und erläutern Sie die durch XY verletzten Straftatbestände"* ableiten. Der Vorteil der Fallbearbeitung nach dem nachfolgend dargestellten, **tabellarischen** Schema besteht in erster Linie in der Übersichtlichkeit.

Werden auf der linken Tabellenseite die **Voraussetzungen** nach Tatbestandsmäßigkeit, Rechtswidrigkeit, Schuld und, soweit zutreffend, der Strafverfolgungsvoraussetzung benannt, erfolgt auf der rechten Seite die Anwendung am jeweiligen Sachverhalt (Subsumtion). Die Prüfungsteilnehmer werden auf diese Art und Weise sehr schnell in der Lage sein, einen Sachverhalt sinnvoll und zeitnah richtig zu bearbeiten. In der Prüfung sollte vor der Tabelle die **Fallhypothese** (auch als

15 Fahl/Winkler: Definitionen und Schemata Strafrecht, C.H.Beck, München, 8. Auflage 2019, S. 96.

16 Hufgard/Krüger: StGB-Trainer - Startwissen für Einsteiger, Alpmann-Schmidt, Münster, 2. Auflage 2004, S. 118.

Fallfrage/Obersatz bezeichnet) und nach der Tabelle das **Ergebnis** benannt werden.

Hypothese: A könnte einen Diebstahl begangen haben.

① **Straftatbestand/Tatbestandsmerkmale**	② **Prüfung am Sachverhalt**
– Benennung des **Straftatbestandes** – Aufzählung der **Tatbestandsmerkmale** a) Objektiv b) Subjektiv	Prüfung von – Tatbestandsmäßigkeit – Rechtswidrigkeit – Schuld
Beispiel: ► Diebstahl gem. § 242 StGB	
► **1. Tatbestandsmäßigkeit** Objektiv: – fremde bewegliche Sache – wegnehmen	**1. Tatbestandsmäßigkeit** Objektiv: Indem A dem B gegen dessen Willen das Portemonnaie aus der Gesäßtasche entwendet, erfüllt er den objektiven Tatbestand.
Subjektiv: – Zueignungsabsicht – Willen, alten Gewahrsam zu brechen und neuen zu begründen	Subjektiv: A möchte das Portemonnaie des B und dessen Inhalt auch behalten und steckt es sich ein. Damit hat er auch den subjektiven Tatbestand erfüllt.
2. Rechtswidrigkeit	**2. Rechtswidrigkeit** Rechtfertigungsgründe für das Handeln des A ergeben sich aus dem Sachverhalt nicht.
3. Schuld	**3. Schuld** A ist volljährig und damit schuldfähig. Schuldausschließungsgründe liegen ebenfalls nicht vor.

Ergebnis: A hat einen Diebstahl begangen.

Darstellung 20: Vereinfachtes Prüfschema Straftat

Ein weiterer Vorteil dieses Prüfschemas ist, dass es sich je nach abgefordertem Sachverhalt um **zusätzliche Prüfungspunkte** ergänzen lässt. Die nachfolgend genannten Prüfungsmodule sind also ganz einfach im Tatbestand an der Stelle objektiv/subjektiv anzufügen, wenn es im Sachverhalt um die nachfolgend genannten Konstellationen geht.

Stadium der Tat (Versuch, Unterlassen)

Versuch, §§ 22, 23 StGB
Objektiv:
- Nichtvollendung der Tat
- Strafbarkeit des Versuchs

Subjektiv:
- Tatentschluss

Unterlassen, § 13 StGB
Objektiv:
- Garantenstellung
- Pflicht verletzt/Unterlassen
- Negativer Erfolg ist eingetreten
- Erfolgsabwendung war zumutbar

Subjektiv:
- Vorsatz

Täterschaftsformen (Mittäter, Anstiftung, Beihilfe)

Mittäter, § 25 Abs. 2 StGB
Objektiv:
- mit einem weiteren Täter gemeinsam

Subjektiv:
- gemeinsamer Tatplan

Anstiftung, § 26 StGB
Objektiv:
- Haupttat eines anderen
- Anstiftung/Bestimmen zur Haupttat

Subjektiv:
- Vorsatz

Beihilfe, § 27 StGB
Objektiv:
- Haupttat eines anderen
- Hilfeleisten/Unterstützen der Haupttat

Subjektiv:
- Vorsatz

Prüfungshinweis

Diese Empfehlung deckt sich mit den Erwartungen des Bundesarbeitskreises der Lehrer für Schutz und Sicherheit. Nach Ansicht des überwiegenden Teils der Lehrkräfte lässt sich so eine Lösung entsprechend des Erwartungsbildes der Kammer erarbeiten.

Die Täterschaftsformen **Beihilfe (§ 27 StGB), Anstiftung (§ 26 StGB)** und die Begünstigung werden erst nach der Haupttat abgehandelt. Das gleiche gilt für das Stadium der Straftat. Hier ist zwischen Vorbereitung, Versuch und Vollendung zu unterscheiden.

Im **Versuchsstadium (§§ 22, 23 StGB)** erfüllt der Täter den subjektiven Tatbestand, die Verwirklichung des objektiven Tatbestands hat der Täter aber nur begonnen. Ob und inwieweit ein **Versuch** strafbar ist, ergibt sich aus dem StGB:

- Bei einem **Verbrechen** ist der Versuch immer strafbar,
- bei einem **Vergehen** nur, wenn es das StGB ausdrücklich bestimmt.

Beachte

Verbrechen = Tat mit einer Mindeststrafe von **einem Jahr** Freiheitsstrafe, § 12 Abs. 1 StGB.

Vergehen = Tat mit einer Mindestfreiheitsstrafe **unter einem** Jahr oder nur Geldstrafe, § 12 Abs. 2 StGB.

Die Vorbereitung ist nur bei sehr wenigen schweren Verbrechenstatbeständen strafbar.

Anstifter nach § 26 StGB ist, wer einen anderen auf die Idee bringt, eine vorsätzliche, rechtswidrige Straftat zu begehen.

Eine **Beihilfe** gem. § 27 StGB leistet, wer den Täter bei dessen vorsätzlicher rechtswidriger Tat unterstützt, diesem also aktiv Hilfe leistet.

Mittäter gem. § 25 StGB ist, wer mit mindestens einer anderen Person zusammen einen Straftatbestand verwirklicht. Dabei geschieht die gemeinsame Tatausführung aufgrund eines gemeinsamen Tatplanes.

3.4 Zivilrechtliche Fallbearbeitung

Nicht anders wie bei der zuvor erläuterten strafrechtlichen Fallbearbeitung ist bei der zivilrechtlichen Fallbearbeitung das Lesen und Begreifen der Inhalte des **Sachverhaltes** ebenso wichtig, wie das Verstehen der eigentlichen **Fallfrage**. Jedes Prüfungsschema muss dann natürlich daran angepasst werden. Sofern mehrere Personen beteiligt sind, ist es ratsam, sich zu den Personen und den Verhältnissen zueinander eine **Skizze** anzufertigen.

3.4.1 Allgemeines Prüfschema

Allgemein lässt sich im Zivilrecht das folgende **Aufbauschema** bei der Sachverhaltsprüfung ableiten: Ist ein Anspruch **entstanden** (anspruchsbegründende Voraussetzungen und anspruchshindernde Tatbestände), ist er **nicht untergegangen** und ist er **durchsetzbar**?[17] Die einzigen „positiven" Voraussetzungen sind auf der Ebene der anspruchsbegründenden Voraussetzungen zu finden.

1. Anspruch entstanden?

2. Anspruch untergegangen?

3. Anspruch durchsetzbar?

Darstellung 21: Allgemeines Prüfschema zivilrechtlicher Ansprüche

(1) Anspruch entstanden?

Worum geht es Zivilrecht überhaupt? In der Regel wird nach einem **Anspruch** gefragt. Ein Anspruch definiert sich nach § 194 BGB als ein Recht, welches von einer anderen (natürlichen oder juristischen) Person ein Tun oder Unterlassen ver-

17 Maties/Winkler: Schemata und Definitionen Zivilrecht, C. H.Beck, München 2019, S. 7.

langen kann. Eine Vorschrift, aus der sich ein Anspruch ergibt, nennt man **Anspruchsgrundlage**. Die Anspruchsinhalte richten sich also immer nach dem jeweiligen **Begehren** des Anspruchstellers. Nach der Verinnerlichung des Sachverhaltes und dem Erkennen, dass nach zivilrechtlichen Ansprüchen gefragt ist, muss man immer die grundsätzliche Frage stellen:

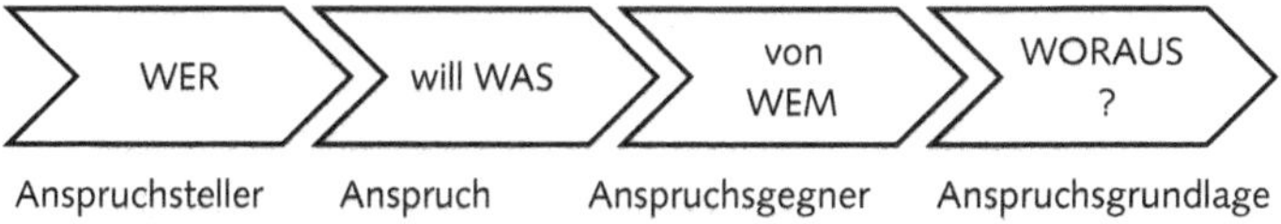

Darstellung 22: Fallfrage „Anspruch entstanden?"

Die obige Fallfrage wird also auf der ersten Stufe geprüft. Anhand dieser wird in vielen Fällen bereits klar, um welche Anspruchsgrundlage es sich hier handelt. Daraus resultiert natürlich auch zwingend, dass die Antwort auf die Fallfrage passend sein muss. Dementsprechend sind Ansprüche nach ihrem Inhalt zu unterscheiden. Man kennt zum Beispiel Zahlungsansprüche, Erstattungsansprüche, Erfüllungsansprüche, Beseitigungsansprüche, Unterlassungsansprüche, Entschädigungsansprüche, Herausgabeansprüche und Auskunftsansprüche.

(2) Anspruch untergegangen? + (3) Anspruch durchsetzbar?

Im Zivilrecht gibt es auch **Gegenrechte**. Die Gegenrechte werden auf der Stufe 2 und 3 geprüft. Dies sind Normen, die Ansprüche entweder von vornherein ausschließen (rechtshindernde Einwendungen) oder die Ansprüche im Nachhinein beseitigen (rechtsvernichtende Einwendungen). Des Weiteren existieren dauerhafte und aufschiebende Einreden. Die Einreden müssen immer erhoben werden, das heißt bei einem Prozess von der jeweiligen Seite aufgeführt werden. Hingegen müssen Einwendungen von Amts wegen Berücksichtigung finden, das heißt der Richter muss sie von selbst betrachten bzw. einbringen, auch wenn es die jeweilige Seite nicht getan hat.

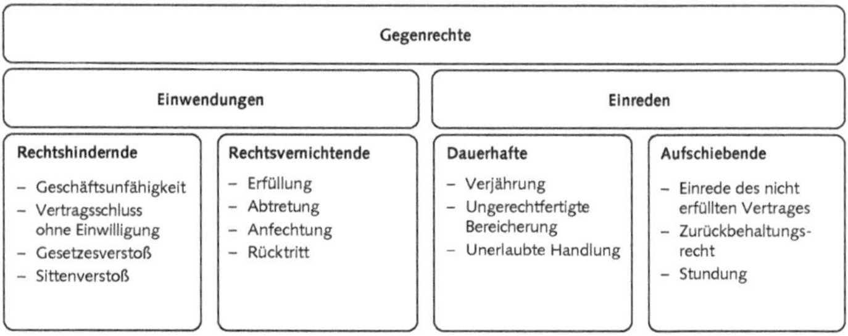

Darstellung 23: Gegenrechte im Zivilrecht

3.4.2 Prüfschema Schadensersatzansprüche

In der Prüfungshistorie befinden sich **nur Fragestellungen**, die zu **Schadensersatzansprüchen** aus deliktischem Verhalten (§ 823 Abs. 1 BGB) bzw. Verletzung eines Schutzgutes (§ 823 Abs. 2 BGB) führten. Nachfolgend sollen daher am Beispiel von Ansprüchen aus **unerlaubter Handlung** nach § 823 BGB mehrere Varianten erläutert und im Anschluss eine Empfehlung abgegeben werden.

Variante I a[18] – § 823 Abs. 1 BGB

Ausführliches Prüfungsschema Schadensersatzanspruch aus unerlaubter Handlung wegen Verletzung eines der in § 823 Abs. 1 BGB genannten **Rechtsgüter** (Leben, Körper, Gesundheit, Freiheit, Eigentum).

§ 823 Abs. 1 BGB

I. **Rechtsgutverletzung**
   - z. B. Leben, Körper, Gesundheit, Freiheit, Eigentum

II. **Verletzungshandlung**

III. **Haftungsbegründende Kausalität**

18 Ebenda, S. 218.

IV. **Rechtswidrigkeit**

V. **Verschulden**
   - Verschuldungsfähigkeit
   - Vorsatz/Fahrlässigkeit

VI. **Schaden**

VII. **Haftungsausfüllende Kausalität**

VIII. **Art und Umfang des Schadens**

IX. **Mitverschulden**

X. **Verjährung**

Variante I b[19] – § 823 Abs. 2 BGB

Ausführliches Prüfungsschema Schadensersatzanspruch aus unerlaubter Handlung wegen Verletzung eines **Schutzgesetzes**, § 823 Abs. 2 BGB.

§ 823 Abs. 2 BGB

I. **Schutzgesetz**

II. **Schutzgesetzverletzung**

III. **Rechtswidrigkeit**

IV. **Verschulden**

V. **Schaden**

VI. **Kausalität**

VII. **Art und Umfang des Schadens**

VIII. **Mitverschulden**

IX. **Verjährung**

19 Maties/Winkler: Schemata und Definitionen Zivilrecht, C. H.Beck, München 2019, S. 218–219.

Variante II – Vereinfachte Form

Zur Vereinfachung der Herangehensweise wird nachfolgend auf ein Schema zur Bearbeitung bei allen denkbaren deliktsrechtlichen Schadensersatzfällen eingegangen.

1. Anspruchsgrundlage

2. Rechtsgutsverletzung/Ursächliche Handlung

3. Rechtswidrigkeit

4. Verschulden

5. Schadensumfang

Darstellung 24: Abbildung Prüfungsschema bei Schadensersatz-Fällen[20]

Variante III – Empfehlung

Dieses Schema lässt sich noch einmal **vereinfachen**. Seitens des Autors wird zur Bearbeitung von derartigen Fällen in Anlehnung an das letztgenannte **tabellarische Prüfschema** die Darstellung im Rahmen der strafrechtlichen Fallbearbeitung verwendet. Der Vorteil der Anwendung besteht im sogenannten Wiedererkennungseffekt zu anderen Fallprüfungen (z. B. im Strafrecht). Die Prüfungsteilnehmer merken sich eine Grundform und können damit alle Aufgabenstellungen ausreichend bearbeiten.

20 Schwind/Hassenpflug/Nawratil: BGB leicht gemacht, Ewald von Kleist-Verlag, Berlin 1994, S. 43.

Hypothese: B könnte gegen A einen Schadensersatzanspruch aus unerlaubter Handlung (Körperverletzung) haben.

① **Anspruchsgrundlage/Voraussetzungen**	② **Prüfung am Sachverhalt**
Benennung der **Anspruchsgrundlage** Aufzählung der **Voraussetzungen** bzw. Tatbestände	Prüfung von - Voraussetzungen/Tatbeständen und Ursächlichkeit - Rechtswidrigkeit - Verschulden - Schadensumfang
Beispiel: Schadensersatzanspruch durch unerlaubte Handlung gem. § 823 Abs. 1 BGB	
1. Tatbestand/Ursächlichkeit - einem anderen - durch unerlaubte Handlung - eine Rechtgutsverletzung zufügen	**1. Tatbestand/Ursächlichkeit:** Indem A dem B mit der Faust ins Gesicht schlägt und B dadurch ein Hämatom am rechten Auge bekam, beging er eine Verletzung des Rechtsgutes der Gesundheit.
2. Rechtswidrigkeit	**2. Rechtswidrigkeit** Rechtfertigungsgründe für das Handeln des A ergeben sich aus dem Sachverhalt nicht.
3. Verschulden - vorsätzlich oder fahrlässig	**3. Verschulden** Er handelte auch mit Wissen und Wollen und damit **vorsätzlich**.
4. Schaden	**4. Schaden** Es ist ein Hämatom am Kopf entstanden.

Ergebnis: B hat gegen A einen Schadensersatzanspruch aus unerlaubter Handlung.

Darstellung 25: Vereinfachtes Prüfschema Schadensersatz

Anspruchsgrundlage: Zunächst ist dabei immer auf die **Anspruchsgrundlage** einzugehen. Dabei ist derjenige Paragraf herauszufinden, auf dessen Grundlage der Geschädigte vom Schädiger Schadensersatz verlangen kann. In den meisten Schadensersatzfällen wird es auch mehrere Anspruchsgrundlagen nebeneinander geben. So kann man Ansprüche aus § 823 Absätze 1 und 2 BGB ebenfalls als eine vorsätzliche Schädigung nach § 826 BGB einstufen.

Ursächlichkeit: Des Weiteren ist die **Ursächlichkeit** zwischen Handlung und Schaden zu überprüfen.

Rechtswidrigkeit: Als nächster Punkt ist die **Rechtswidrigkeit** zu überprüfen. Diese ist im Regelfall gegeben, wenn jemand einem anderen durch eine unerlaubte Handlung einen Schaden zuführt. Lediglich beim Vorliegen eines Rechtfertigungsgrundes entfällt die Schadenersatzpflicht. Sollte dies im Sachverhalt der Fall sein, endet damit die Prüfung desselben.

Verschulden: Beim **Verschulden** ist die Schuldform festzustellen, in welcher die Handlung geschah. Hier kommen sowohl **Vorsatz**, als auch **Fahrlässigkeit** in Betracht.

Schadensumfang: Schließlich ist der **Schadensumfang** festzustellen. Der Geschädigte ist dabei so zu stellen, als ob die Schädigung nicht eingetreten wäre. Bei unerlaubten Handlungen sind solche Schäden zum Beispiel: Krankenhaus-/Arztkosten, Verdienstausfall, Lohnfortzahlungskosten des Arbeitgebers und sogenanntes Schmerzensgeld.

3.5 Fallbearbeitung Jedermannsrechte

In allen Prüfungen sind in der Regel Aufgabenstellungen in Bezug zu den sogenannten **Jedermansrechten** zu finden. Da es verschiedene Ansichten zu diesen Rechten gibt, sollte zuerst klargestellt werden, was hierunter zu verstehen ist.

3.5.1 Begriffsbestimmung

Jedermannsrechte sind Rechte, die jedermann zustehen. Die **Grundrechte** fallen immer unter diesen Begriff, da sie für jedermann Gültigkeit haben.

Weiterhin versteht man hierunter auch **Rechtfertigungsgründe**, sogenannte Jedermanns-Paragrafen, auf die sich jeder berufen kann.[21] Der Prüfungskatalog des ZPA Nord-West[22] nennt hierzu

- reine Rechtfertigungsründe (Notwehr, rechtfertigender Notstand, defensiver/aggressiver Notstand, Einwilligung),
- Eingriffsrechte mit rechtfertigender Wirkung (vorläufige Festnahme und erlaubte Selbsthilfe) sowie
- Schuldausschließungs-/Entschuldigungsgründe (Irrtum, Schuldunfähigkeit, Überschreitung der Notwehr, Putativnotwehr und entschuldigender Notstand).

3.5.2 Prüfschema

Die **Prüfung** erfolgt je nach Aufgabenstellung unterschiedlich. Ergibt sich ein Rechtfertigungs- bzw. Schuldausschließungsgrund im Rahmen einer straf- bzw. zivilrechtlichen Sachverhaltsbearbeitung ist dieser unter den Prüfpunkten Rechtswidrigkeit bzw. Schuld zu prüfen.

Ist lediglich danach gefragt, ob ein bestimmter Rechtfertigungsgrund vorliegt, ist die Antwort entsprechend anzupassen. Der Autor empfiehlt hierzu das bereits bekannte Tabellenformat. Der **Vorteil** der Anwendung dieses Schemas besteht ebenso wieder im **Wiedererkennungseffekt**. Die Prüflinge sind in der Lage schnell und konsequent ihr Wissen zu Papier zu bringen.

---

21 Bell et al.: Fachkraft/Servicekraft für Schutz und Sicherheit, Band 2 (Fachkompetenzbuch), Boorberg, Stuttgart, 7. überarbeitete Auflage 2019, S. 289.

22 ZPA Nord-West (Hrsg.): Prüfungskataloge für die IHK Abschlussprüfungen FKSS/SKSS, Stand 08/2010, S. 11.

Hypothese: Die tatbestandsmäßige Handlung des SMA (Körperverletzung) könnte durch Notwehr gerechtfertigt sein.

① **Rechtsgrundlage/Voraussetzungen**	② **Prüfung am Sachverhalt**
Benennung der **Rechtsgrundlage** Aufzählung der **Voraussetzungen** bzw. Tatbestände nach – objektiven Merkmalen (Lage und Handlung) und – subjektiven Merkmalen	Prüfung von – objektiven Voraussetzungen und – subjektiven Voraussetzungen
Beispiel: Notwehr gem. § 32 StGB	
Voraussetzungen Objektiv: – Vorliegen eines gegenwärtigen, rechtswidrigen Angriffs – Durchführung der erforderlichen Verteidigungshandlung	**Voraussetzungen** Objektiv: Indem R auf den Sicherheitsmitarbeiter (SMA) einschlagen will, als dieser ihn einer Kontrolle am Werktor unterziehen möchte, handelt R gegenüber dem SMA gegenwärtig und rechtswidrig. Als der SMA daraufhin den Schlag mit seinem Unterarm abwehrte und den R dabei verletzte, führte der SMA eine erforderliche Verteidigungshandlung durch.
Subjektiv: – Vorliegen des Verteidigungswillens	Subjektiv: Dies tat er mit dem erforderlichen Verteidigungswillen. Die dadurch entstandene Körperverletzung war daher nicht rechtswidrig.

Ergebnis: Die Handlung des SMA war durch Notwehr gerechtfertigt.

Darstellung 26: Vereinfachtes Prüfschema Jedermannsrechte

3.6 Bearbeitung sonstiger Aufgabenstellungen

Unter sonstigen Aufgabenstellungen sind alle weiteren Rechtsgebiete zu verstehen, die der Prüfungskatalog sowie das Fachkompetenzbuch beinhalten. Bisher waren dies vor allem Fragen aus dem **Gewerbe- und Bewachungsrecht**, des **Waffenrechts** und der **berufsgenossenschaftlichen Vorschrift** für Wach- und Sicherungsdienste.

Darüber hinaus gab es Fragestellungen zum Verhalten der **Wachperson als Zeuge vor Gericht** und zur Unterscheidung von **öffentlichem** zum **privaten Recht**. Auf Grund der Vielfältigkeit der bereits gelaufenen oder auch möglichen Aufgabenstellungen ist es nicht einfach, hier eine entsprechende Bearbeitungsform zu empfehlen. Insofern ein Sachverhaltsbezug gegeben ist, kann das bisher erörterte **Schema** durchaus ebenfalls genutzt werden. Bei einfachen Fragestellungen wäre die Verwendung nicht erforderlich.

4 Fallbeispiele Anwendung von Rechtsgrundlagen bei Sicherheitsdiensten

Nachfolgend soll anhand von **Beispielen** die zuvor dargelegte Vorgehensweise zur Lösung der rechtsrelevanten Aufgabenstellungen aufgezeigt werden. Seitens des bundesweiten Arbeitskreises der Berufsschullehrer Schutz und Sicherheit wurden verschiedene Lehrbeispiele zugearbeitet, die hier Verwendung finden.

Die **Ausgangssachverhalte** sind den Prüfungen in Umfang und Schwierigkeitsgrad nachempfunden. Die **Musterlösungen** orientieren sich ebenfalls an den Anforderungen einer vollständigen Lösung im Sinne der Erwartungsbilder. Es bleibt anzumerken, dass jeder Prüfer dennoch einen großen Beurteilungsspielraum hat, wodurch es zu unterschiedlichen Bewertungen kommen kann.

Prüfungshinweis

Der Bundesarbeitskreis der Lehrer für Schutz und Sicherheit empfiehlt den Prüflingen bereits in den Aufgabenstellungen die nachfolgenden Hinweise, welche bisher nur an Prüfer erfolgten, zu geben:

1. Bei den Straftatbeständen sind die Tatbestandsmäßigkeit, die Rechtswidrigkeit und Schuld zu begründen.
2. Grundsätzlich müssen Paragrafen nicht zwingend beziffert werden.
3. Der Prüfungsbereich „Anwendung von Rechtsgrundlagen" erfordert die Benennung der relevanten Rechtsvorschrift einschließlich der jeweils zutreffenden Einzelelemente mit konkreter Bezugnahme auf die Fallsituation.

4.1 Prüfungsfall „Jagd“

4.1.1 Sachverhalt „Jagdausstatter“

In der Bekleidungsabteilung eines Jagdausstatters tauscht ein Kunde das Preisschild eines hochwertigen Lodenmantels mit dem Preisschild eines stark reduzierten Mantels aus dem Sonderangebot aus. Dann geht er mit dem Mantel zur Kasse und stellt sich in die Schlange wartender Kunden. Als er an der Reihe ist, bemerkt die Kassiererin, dass mit der Preisauszeichnung etwas nicht stimmt, und stellt ihn zur Rede.

1. Aufgabe:

Erläutern Sie, wie das Verhalten des Kunden strafrechtlich zu bewerten ist.

Lösung (08 Punkte):

Hypothese: Der Kunde könnte einen versuchten Betrug begangen haben.

Straftatbestand/ Tatbestandsmerkmale	Sachverhaltsbezogene Begründung
Versuchter Betrug §§ 263 Abs. 1, Abs. 2, 22, 23 StGB **1. Tatbestandsmäßigkeit** Objektiv: - Täuschungshandlung - Irrtumserregung und Aufrechterhaltung - Vermögensverfügung - Vermögensschädigung - *Nichtvollendung der Tat* - *Strafbarkeit des Versuchs*	**1. Tatbestandsmäßigkeit** Objektiv: Indem der Täter das Preisschild am hochwertigen Mantel mit dem eines reduzierten Mantels tauscht, will er die Kassiererin täuschen und in den Irrtum versetzen, dass es sich um einen billigeren Mantel handelt. Damit beabsichtigt er rechtswidrig das Vermögen des Jagdausstatters zu schädigen (für den Mantel nicht den tatsächlichen Wert zu bezahlen). Durch die Aufmerksamkeit der Kassiererin kann er seine Tat nicht vollenden. Der Versuch des Betruges ist strafbar.

►

Subjektiv: – *Tatentschluss* – Vorsatz – Bereicherungsabsicht	Subjektiv: Der Kunde ist dabei zur Tat entschlossen. Er handelt mit Wissen und Wollen, um sich zu bereichern.
2. Rechtswidrigkeit	**2. Rechtswidrigkeit** Dazu hatte er kein Recht, handelt also rechtswidrig. Rechtfertigungsgründe sind nicht vorhanden.
3. Schuld	**3. Schuld** Er ist schuldfähig. Aus dem Sachverhalt sind keine Entschuldigungsgründe erkennbar.

Ergebnis: Der Kunde hat einen versuchten Betrug begangen.

Beachte

Hier waren nun die zusätzlichen Voraussetzungen des Versuches gem. § 22, 23 StGB zu prüfen (kursiv dargestellt).

Fortführung des Sachverhaltes:

Sie sind Sicherheitsmitarbeiter und befinden sich gerade auf einem Kontrollgang in der oberen Etage des Jagdgeschäftes als Sie die Verkäuferin aus dem Erdgeschoss rufen hören: *„Halten Sie den Mann mit dem grünen Lodenmantel fest! Er versucht den Mantel zu stehlen!“* Dabei zeigt die Verkäuferin auf einen Ihnen unbekannten Mann, der mit einem Mantel über dem Arm aus dem Laden rennt. Als Sie sich dem Kunden in den Weg stellen und ihm die entwendete Ware abnehmen wollen, stößt er Sie heftig zur Seite mit den Worten: *„Aus dem Weg! Den Mantel behalte ich.“* Der Mann setzt seine Flucht fort.

2. Aufgabe:

Nennen Sie den Tatbestand/die Tatbestände, die der unbekannte Kunde erfüllt hat und erläutern Sie die Tatbestandsmerkmale!

Lösung (12 Punkte):

Hypothese: Der Kunde könnte einen räuberischen Diebstahl begangen haben.

Straftatbestand/Tatbestandsmerkmale	Sachverhaltsbezogene Begründung
Räuberischer Diebstahl § 252 StGB	
1. Tatbestandsmäßigkeit Objektiv: – bei einem Diebstahl (Wegnahme einer fremden, beweglichen Sache) – auf frischer Tat betroffen – Gewalt gegen eine Person anwenden, – um im Besitz der gestohlenen Ware zu bleiben Subjektiv: – Vorsatz (Wissen und Wollen) – Zueignungs- und Bereicherungsabsicht	**1. Tatbestandsmäßigkeit** Objektiv: Nachdem der Täter den Diebstahl durch Wegnahme des Mantels vollendet hatte, indem er den Jagdausstatter mit dem Mantel über dem Arm verließ, wendete er gegen den SMA Gewalt an (zur Seite stoßen), um im Besitz des Mantels zu bleiben. Subjektiv: Der Täter handelte mit Wissen und Wollen. Er wollte sich dadurch einen Vorteil verschaffen und bereichern.
2. Rechtswidrigkeit	**2. Rechtswidrigkeit** Dazu hatte der Täter kein Recht. Rechtfertigungsgründe gibt es nicht.
3. Schuld	**3. Schuld** Beim volljährigen Täter sind keine Entschuldigungsgründe vorhanden.

Ergebnis: Der Kunde beging einen räuberischen Diebstahl.

Fortführung des Sachverhaltes:

Nachdem Ihr Kollege in der Zwischenzeit zur Unterstützung herbeigeeilt ist, gelingt es Ihnen beiden, dem Täter den gestohlenen Lodenmantel zu entreißen. Der unbekannte Kunde weigert sich, seinen Ausweis zu zeigen und will auch seine Personalien nicht nennen. Trotz mehrerer Versuche scheitern Ihre diesbezüglichen Bemühungen. Daher entscheiden Sie sich, ihn festzuhalten und alarmieren die Polizei.

3. Aufgabe:

a) Nennen und begründen Sie die gesetzliche Vorschrift, nach der Sie den Kunden festnehmen durften!

b) Nennen und begründen Sie die gesetzliche Vorschrift, nach der Sie und Ihr Kollege dem Kunden die Ware abnehmen durften!

Lösung zu a) (06 Punkte):

Hypothese: Die Freiheitsberaubung des Kunden könnte durch das Recht der vorläufigen Festnahme gedeckt sein.

Rechtsgrundlage/Voraussetzungen	Sachverhaltsbezogene Begründung
Recht der vorläufigen Festnahme für Jedermann § 127 Abs. 1 StPO	
Voraussetzungen Objektiv: – Täter auf frischer Tat (Straftat) betroffen oder verfolgt – Täter unbekannt – Fluchtverdacht	**Voraussetzungen** Objektiv: Die vorläufige Festnahme durch die SMA war gerechtfertigt, da der Täter durch den SMA auf frischer Tat betroffen wurde. Er war dem SMA unbekannt und verweigerte seine Identifizierung.
Subjektiv: – Strafverfolgungszuführungswillen	Subjektiv: Der SMA handelte mit dem vertraglich festgelegten Willen, den Täter der Strafverfolgung zuzuführen.

Ergebnis: Die Freiheitsberaubung des Kunden war durch das Recht der vorläufigen Festnahme gedeckt.

Lösung zu b) (10 Punkte):

Hypothese: Die Abnahme der Ware könnte durch die Selbsthilfe des Besitzdieners gerechtfertigt sein.

Rechtsgrundlage/Voraussetzungen	Sachverhaltsbezogene Begründung
Selbsthilfe des Besitzers bzw. Besitzdieners bei verbotener Eigenmacht §§ 859, 860, 855, 858 BGB	
Voraussetzungen Objektiv: Der Besitzer darf sich – verbotener Eigenmacht (Besitzentzug), – erwehren (Besitzkehr). Das gleiche Recht steht dem Besitzdiener zu.	**Voraussetzungen** Objektiv: Durch den Diebstahl des Mantels beging der Täter eine verbotene Eigenmacht (Besitzentzug). Dagegen darf der Besitzer notfalls mit Gewalt vorgehen und seinen Besitz sichern (Besitzkehr). Dieses Recht steht auch dem SMA als Besitzdiener zu, der gem. § 855 BGB für den Besitzer die tatsächliche Verfügungsgewalt ausübt. Der SMA als Besitzdiener durfte den Mantel gem. der Selbsthilfe des Besitzers/Besitzdieners dem Täter abnehmen. Das Entreißen des Mantels war auch verhältnismäßig.
Subjektiv: – Handeln im Willen des Besitzers.	Subjektiv: Die SMA handelten mit Selbsthilfewillen.

Ergebnis: Die Wegnahme des Mantels war durch die Selbsthilfe des Besitzdieners gerechtfertigt.

Fortführung des Sachverhaltes:

Nachdem alle erforderlichen Maßnahmen getroffen worden sind, setzen Sie Ihren Kontrollgang mit dem Kollegen fort. Dabei kommen Sie am Schaufenster in der Seitenstraße des Jagdgeschäftes vorbei. Dort bemerken Sie, dass das Schaufenster mit großformatigen Graffitis besprüht wurde. Zwei unbekannte Täter hatten sich kurz zuvor verabredet und ohne Erlaubnis gemeinsam die Graffitis an die Schaufenster gesprüht. Die beiden Täter konnten vor Ihrem Eintreffen flüchten.

4. Aufgabe:

Nennen Sie den Straftatbestand, den die beiden unbekannten Täter erfüllt haben und erläutern Sie die Tatbestandsmerkmale!

Lösung (12 Punkte):

Hypothese: Die beiden unbekannten Sprayer könnten eine gemeinschaftliche Sachbeschädigung begangen haben.

Straftatbestand/Tatbestandsmerkmale	Sachverhaltsbezogene Begründung
Gemeinschaftlich begangene Sachbeschädigung §§ 303, 25 Abs. 2 StGB	
1. Tatbestandsmäßigkeit Objektiv: – fremde Sache – unbefugt (rechtswidrig) – das Erscheinungsbild nicht nur unerheblich und nicht nur vorübergehend verändern – *mit einem weiteren Täter gemeinsam (Mittäter)*	**1. Tatbestandsmäßigkeit** Objektiv: Durch die beiden Täter wurden an die Schaufenster (fremde Sachen) mittels Farbdosen großformatige Graffitis gesprüht. Die Sprühfarbe trocknet schnell und ist nicht abwaschbar. Damit wurde das Erscheinungsbild des Schaufensters nicht nur unerheblich und auch nicht nur vorübergehend verändert.
Subjektiv: – *gemeinsamer Tatplan* – Vorsatz	Subjektiv: Die Täter handelten mit Wissen und Wollen, also vorsätzlich. Die beiden Personen hatten sich verabredet und mit gemeinschaftlichem Vorsatz (Mittäter) gehandelt.
2. Rechtswidrigkeit	**2. Rechtswidrigkeit** Die Täter hatten dazu keine Erlaubnis (unbefugt). Rechtfertigungsgründe gibt es nicht.
3. Schuld	**3. Schuld** Entschuldigungsgründe sind nicht vorhanden.

►

4. Strafverfolgungsvoraussetzung	**4. Strafverfolgungsvoraussetzung**
– Antragsdelikt	Die Sachbeschädigung ist ein Antragsdelikt (§ 303c StGB).

Ergebnis: Die beiden unbekannten Täter begingen eine Sachbeschädigung gemeinschaftlich.

Beachte

Hier waren nun die zusätzlichen Voraussetzungen der Mittäterschaft gem. § 25 Abs. 2 StGB zu prüfen (kursiv dargestellt).

4.1.2 Sachverhalt „Lagerhalle“

Sie sind als Interventionskraft (IK) eingesetzt und erhalten von Ihrer NSL über Funk die Mitteilung, dass Alarm von der Lagerhalle ausgelöst wurde. Gemeinsam mit einer zweiten IK treffen Sie in Kleinkleckershausen ein. Vor Ort begeben Sie sich, nachdem Sie die NSL-Fachkraft über Ihr Eintreffen verständigt haben, durch das Tor in das Objekt. Währenddessen sehen Sie, wie aus dem seitlichen Tor der Lagerhalle zwei unbekannte Personen zum Objektzaun flüchten. Sie verfolgen die beiden Unbekannten B und C bis zum Zaun. Hier erkennen Sie, dass der Zaun aufgeschnitten wurde, um auf das Gelände des Lagers zu gelangen.

Am Zaun befinden sich noch Werkzeuge, die Sie später eindeutig den Tätern zuordnen können.

1. Aufgabe:

Nennen und begründen Sie, welche Straftatbestände B und C verletzt haben!

Lösung Teil 1 (07 Punkte):

Hypothese: B und C könnten einen gemeinschaftlichen Hausfriedensbruch begangen haben.

Straftatbestand/Tatbestandsmerkmale	Sachverhaltsbezogene Begründung
Gemeinschaftlich begangener Hausfriedensbruch §§ 123, 25 Abs. 2 StGB	
1. Tatbestandsmäßigkeit Objektiv: – widerrechtliches Eindringen – in Geschäftsräume/befriedetes Besitztum – *mit einem weiteren Täter gemeinsam* Subjektiv: – *gemeinsamer Tatplan* – Vorsatz	**1. Tatbestandsmäßigkeit** Objektiv: Ohne Befugnis (widerrechtlich) sind die Täter B und C durch Aufschneiden des Zaunes auf das Gelände (befriedetes Besitztum) und in die Lagerhalle gelangt (Eindringen). Subjektiv: B und C handelten gemeinsam und mit Wissen und Wollen (gemeinschaftlicher Vorsatz).
2. Rechtswidrigkeit	**2. Rechtswidrigkeit** Rechtfertigungsgründe liegen nicht vor.
3. Schuld	**3. Schuld** Entschuldigungsgründe sind nicht vorhanden.
4. Strafverfolgungsvoraussetzung: – Antragsdelikt	**4. Strafverfolgungsvoraussetzung** Der Hausfriedensbruch ist ein Antragsdelikt (§ 123 Abs. 2 StGB).

Ergebnis: B und C haben einen gemeinschaftlichen Hausfriedensbruch begangen.

Lösung Teil 2 (08 Punkte):

Hypothese: B und C könnten eine gemeinschaftliche Sachbeschädigung begangen haben.

Straftatbestand/Tatbestandsmerkmale	Sachverhaltsbezogene Begründung
Gemeinschaftlich begangene Sachbeschädigung §§ 303, 25 Abs. 2 StGB	
1. Tatbestandsmäßigkeit Objektiv: – eine fremde Sache beschädigen – *mit einem weiteren Täter gemeinsam* Subjektiv: – *gemeinsamer Tatplan* – Vorsatz	**1. Tatbestandsmäßigkeit** Objektiv: Durch B und C wurde der Werkszaun (fremde Sache) aufgeschnitten (beschädigt). Subjektiv: B und C beschädigten den Zaun, um auf das Gelände zu gelangen (gemeinschaftlicher Vorsatz). Die Täter handelten mit Wissen und Wollen.
2. Rechtswidrigkeit	**2. Rechtswidrigkeit** Rechtfertigungsgründe liegen nicht vor.
3. Schuld	**3. Schuld** Entschuldigungsgründe sind nicht vorhanden.
4. Strafverfolgungsvoraussetzung – Antragsdelikt	**4. Strafverfolgungsvoraussetzung** Die Sachbeschädigung ist ein Antragsdelikt (§ 303c StGB).

Ergebnis: B und C haben eine gemeinschaftliche Sachbeschädigung begangen.

Fortführung des Sachverhaltes:

Sie und die zweite IK verfolgen die beiden Tatverdächtigen im Umfeld des Lagers. Auf der öffentlichen Zufahrtsstraße erkennen Sie und Ihr Kollege einen verdächtig abgestellten Transporter. Bei der näheren Nachschau sehen Sie im Fahrzeug zwei männliche Personen, die Sie als B und C wieder erkennen. Sie verständigen sofort Ihre NSL und teilen auch das amtliche Kennzeichen mit. Plötzlich wird das Fahrzeug gestartet. Der Beifahrer C ruft aus dem Fenster: *„Aus dem Weg, sonst* *überfahren wir Euch!"* Ihr Kollege A steht vor dem Fahrzeug und schafft es nicht mehr rechtzeitig vor dem anfahrenden Transporter zur Seite zu springen. Er wird von dem Fahrzeug erfasst und zur Seite geschleudert. Im Krankenhaus werden ein Bein- und Schulterbruch festgestellt. Bleibende Schäden sind nach ärztlicher Auskunft bei A nicht zu erwarten.

2. Aufgabe:

Nennen und begründen Sie, welche Straftatbestände B und C erfüllt haben!

Lösung Teil 1 (12 Punkte):

Hypothese: B und C könnten eine gemeinschaftliche gefährliche Körperverletzung begangen haben.

Straftatbestand/Tatbestandsmerkmale	Sachverhaltsbezogene Begründung
Gemeinschaftlich begangene gefährliche Körperverletzung §§ 223 Abs. 1, 224 Abs. 1 Nr. 2, 25 Abs. 2 StGB **1. Tatbestandsmäßigkeit** Objektiv: – eine andere Person – mittels eines gefährlichen Werkzeugs – körperlich misshandeln – *mit einem weiteren Täter gemeinsam*	**1. Tatbestandsmäßigkeit** Objektiv: B und C fahren mit dem Transporter auf die SMA zu, um diese zu überfahren, wenn diese nicht den Weg freigeben. Dabei wird der Sicherheitsmitarbeiter A (andere Person) vom Fahrzeug erfasst und verletzt (körperlich misshandelt). Der zur Tatdurchführung benutzte Transporter ist ein gefährliches Werkzeug. Wegen der Benutzung eines gefährlichen Werkzeugs und dem gemeinschaftlichen Handeln mit einem anderen ist der Straftatbestand der gefährlichen Körperverletzung erfüllt. ▶

Subjektiv: - *gemeinsamer Tatplan* - Vorsatz	Subjektiv: B und C sitzen beide im Transporter und haben den gemeinsamen Plan, die Flucht vorsätzlich mit Gewalt zu erzwingen (gemeinschaftliches Handeln).
2. Rechtswidrigkeit	**2. Rechtswidrigkeit** Dazu hatten B und C kein Recht, handelten also rechtswidrig.
3. Schuld	**3. Schuld** Die schuldfähigen Täter haben keine Entschuldigungsgründe.

Ergebnis: B und C haben eine gefährliche Körperverletzung gemeinschaftlich begangen.

Lösung Teil 2 (12 Punkte):

Hypothese: B und C könnten eine gemeinschaftliche Nötigung begangen haben.

Straftatbestand/Tatbestandsmerkmale	Sachverhaltsbezogene Begründung
Gemeinschaftlich begangene Nötigung §§ 240, 25 Abs. 2 StGB	
1. Tatbestandsmäßigkeit Objektiv: - einen Menschen - durch Drohung mit einem empfindlichen Übel - zu einer Handlung nötigen - *mit einem weiteren Täter gemeinsam*	**1. Tatbestandsmäßigkeit** Objektiv: B und C fahren auf die SMA (Menschen) zu und drohen, diese umzufahren (empfindliches Übel), wenn sie nicht den Weg freigeben. Damit nötigen sie die SMA zu einer Handlung (Wegspringen). Der Täter B fährt den Transporter, Täter C droht mit dem empfindlichen Übel.
Subjektiv: - *gemeinsamer Tatplan* - Vorsatz	Subjektiv: B und C handeln gemeinsam geplant und vorsätzlich.

►

2. Rechtswidrigkeit – Verwerflichkeit	**2. Rechtswidrigkeit** Zu der Nötigung hatten B und C kein Recht (Rechtswidrigkeit). Rechtfertigungsgründe gibt es hier nicht. Die Androhung des empfindlichen Übels zum angestrebten Ziel ist als verwerflich anzusehen und deshalb rechtswidrig
3. Schuld	**3. Schuld** Entschuldigungsgründe sind nicht vorhanden.

Ergebnis: B und C haben eine Nötigung gemeinschaftlich begangen.

Fortführung des Sachverhaltes:

Die IK, Ihr Kollege A, fällt für mehrere Monate bei Ihrer Firma wegen der unfallbedingten Verletzungen aus. Er kann auf Grund der Verletzungen und der fortlaufenden Behandlungen nur eingeschränkt am gesellschaftlichen Leben teilnehmen. Weiterhin muss er über Monate mit einem deutlichen Verdienstausfall leben.

3. Aufgabe:

Nennen und begründen Sie, mit welchen zivilrechtlichen Folgen B und C rechnen müssen und welche Rechtsvorschrift dafür in Frage kommt!

Lösung (10 Punkte):

Hypothese: Das Verhalten von B und C könnte eine Schadensersatzpflicht aus unerlaubter Handlung begründen.

Rechtsgrundlage/Voraussetzungen	Sachverhaltsbezogene Begründung
Schadensersatzanspruch durch unerlaubte Handlung § 823 Abs. 1 BGB	
1. Tatbestand/Ursächlichkeit – einem anderen – durch unerlaubte Handlung – einen Schaden zufügen	**1. Tatbestand/Ursächlichkeit** Durch die Täter B und C wurde der Werkszaun des Lagers (geschütztes Rechtsgut: Eigentum) beschädigt. Des Weiteren haben die Täter den SMA A verletzt (geschütztes Rechtsgut: körperliche Unversehrtheit).
2. Rechtswidrigkeit	**2. Rechtswidrigkeit** Rechtfertigungsgründe ergeben sich aus dem Sachverhalt nicht.
3. Verschulden – vorsätzlich oder fahrlässig	**3. Verschulden** B und C handelten mit Wissen und Wollen und damit vorsätzlich.
4. Schaden	**4. Schaden** Kollege A bricht sich das Bein und seine Schulter.

Ergebnis: B und C sind aus der unerlaubten Handlung schadenersatzpflichtig.

Anspruchssteller	Mögliche Ansprüche
Sicherheits-unternehmen	Erstattung der Entgeltfortzahlungskosten wegen der Arbeitsunfähigkeit (Lohnfortzahlung)
Sicherheits-mitarbeiter	Behandlungskosten Verdienstausfall Schmerzensgeld
Zauneigentümer	Schadensersatz

4.2 Prüfungsfall „Golf“

4.2.1 Sachverhalt „Golfplatz“

Sie sind als Fach- bzw. Servicekraft für Schutz und Sicherheit in der Falkenauge Wachsam GmbH tätig. Das Unternehmen hat seinen Hauptsitz in Strausberg.

Zu Ihren Kunden zählt die Golfplatz GmbH. Dieses Unternehmen betreibt einen ringsum befriedeten Golfplatz am Rande der Stadt Strausberg. Der Platz ist täglich von 10:00 Uhr bis 18:00 Uhr geöffnet. Ihrem Unternehmen wurden ein Dienstleistungsauftrag und damit auch die Besitzdienerrechte übertragen. Der Auftrag besteht in der Bestreifung der Anlage außerhalb der Schließzeiten. Der Betreiber der Golfanlage sorgt dafür, dass zum Ende der Öffnungszeit keine Personen mehr auf dem Platz sind und stellt die Verschlusssicherheit her.

An einem Abend um 20:30 Uhr, also nach Schließung der Anlage für den Besucherverkehr, nähern Sie sich der Golfanlage. Bereits bei der Anfahrt erkennen Sie eine männliche Person auf dem Golfplatzgelände, die gerade dabei ist, das Gelände über den Zaun zu verlassen. Die Person steigt sodann auf eines der dort abgestellten vier Kleinkrafträder und fährt davon.

1. Aufgabe:

Nennen und begründen Sie die Straftatbestimmungen, gegen die die unbekannte männliche Person verstoßen hat!

Lösung (06 Punkte):

Hypothese: Die unbekannte männliche Person könnte einen Hausfriedensbruch begangen haben.

Straftatbestand/Tatbestandsmerkmale	Sachverhaltsbezogene Begründung
Hausfriedensbruch § 123 StGB	
1. Tatbestandsmäßigkeit Objektiv: – in das befriedete Besitztum – widerrechtlich eindringen	**1. Tatbestandsmäßigkeit** 1. Objektiv: Der Mann steigt über den Zaun und verlässt das umzäunte Gelände des Golfplatzes, auf das er zuvor unbefugt eingedrungen war.
Subjektiv: – Vorsatz	Subjektiv: Er war bewusst in das Gelände eingedrungen, damit handelt er vorsätzlich.
2. Rechtswidrigkeit	**2. Rechtswidrigkeit** Zum Eindringen und Aufenthalt hatte er kein Recht, handelte also rechtswidrig.
3. Schuld	**3. Schuld** Entschuldigungsgründe sind nicht vorhanden.
4. Strafverfolgungsvoraussetzung – Antragsdelikt	**4. Strafverfolgungsvoraussetzung** Der Hausfriedensbruch ist ein Antragsdelikt (§ 123 Abs. 2 StGB).

Ergebnis: Der Unbekannte hat einen Hausfriedensbruch begangen.

Fortführung des Sachverhaltes:

Auf Grund Ihrer Beobachtungen vermuten Sie weitere Personen auf dem Gelände. Nachdem Sie das Gelände betreten haben, treffen Sie tatsächlich auf drei weitere männliche Personen, die sich beim Golfspielen befinden. Auf Ihre Frage teilen ihnen die Personen mit, dass sie „nur“ Golf spielen und sich das Eintrittsgeld sparen wollten. Daher seien sie kurzerhand über den Zaun gestiegen.

2. Aufgabe:

Erläutern Sie, wie das Verhalten der Betroffenen strafrechtlich zu beurteilen ist!

Lösung (10 Punkte):

Hypothese: Die Täter könnten gemeinschaftlich Leistungen erschlichen haben.

Straftatbestand/Tatbestandsmerkmale	Sachverhaltsbezogene Begründung
Gemeinschaftlich begangene Erschleichung von Leistungen §§ 265a, 25 Abs. 2 StGB	
1. Tatbestandsmäßigkeit Objektiv: – den Zutritt zu einer Einrichtung erschleichen, um das Entgelt nicht zu entrichten – *mit einem weiteren Täter gemeinsam*	**1. Tatbestandsmäßigkeit** Objektiv: Die Täter sind durch Übersteigen des Zaunes (Hausfriedensbruch, § 123 StGB) auf das Gelände des Golfplatzes eingedrungen, um das erforderliche Eintrittsgeld für die Nutzung nicht entrichten zu müssen. Damit haben sie die Leistungen der Golfanlage unentgeltlich in Anspruch genommen (erschlichen).
Subjektiv: – *gemeinsamer Tatplan* – Vorsatz	Subjektiv: Die beteiligten Personen handelten gemeinsam geplant und vorsätzlich (Mittäterschaft).
2. Rechtswidrigkeit	**2. Rechtswidrigkeit** Zu der Handlung hatten die Personen kein Recht (Rechtswidrigkeit).
3. Schuld	**3. Schuld** Entschuldigungsgründe sind bei den Tätern nicht vorhanden.

Ergebnis: Die Täter haben sich der gemeinschaftlichen Erschleichung von Leistungen strafbar gemacht.

Anmerkung

Aus dem Sachverhalt geht nicht der Wert der Leistungserschleichung hervor. Sollte der Gesamtwert der Eintrittskarten unter 50 EUR liegen, handelt es sich um ein Antragsdelikt gemäß § 248a StGB.

Fortführung des Sachverhaltes:

Sie fordern die drei unbekannten Personen auf, sich auszuweisen. Daraufhin ergreifen die Personen die Flucht. Sie holen eine männliche Person ein und halten sie fest. Auch jetzt verweigert die Person sich auszuweisen bzw. ihre Personalien zu nennen.

3. Aufgabe:

Nennen und erläutern Sie die zivilrechtliche Vorschrift, mit der Sie Ihr Verhalten rechtfertigen können!

Lösung (12 Punkte):

Hypothese: Die Festnahmehandlung könnte durch Selbsthilfe gerechtfertigt sein.

Rechtsgrundlage/Voraussetzungen	Sachverhaltsbezogene Begründung
Selbsthilfe § 229 BGB (Erlaubte Selbsthilfe) **Voraussetzungen** <u>Objektiv:</u> – Zivilrechtlicher Anspruch (einredefrei, für den sich auf Selbsthilfe Berufenden) – Keine obrigkeitliche Hilfe vorhanden (z. B. einstweilige Verfügung oder polizeiliche Maßnahmen) – Gefahr der Anspruchsvereitelung (es muss Gefahr der Vereitlung oder Erschwerung der Durchsetzung bestehen) – Festnahme aufgrund Fluchtverdacht	 **Voraussetzungen** <u>Objektiv:</u> Die Täter haben Leistungen erschlichen, ohne Entgelt dafür zu bezahlen. Der Betreiber des Golfplatzes hat damit gegen sie einen durchsetzbaren Schadensersatzanspruch. Die männliche Person war unbekannt und wollte fliehen. Obrigkeitliche Hilfe war zu diesem Zeitpunkt nicht vorhanden und auch nicht rechtzeitig zu erlangen.

►

	Ohne sofortiges Handeln wäre die Durchsetzung des Schadenersatzanspruches wesentlich erschwert oder verhindert gewesen. Liegen diese Voraussetzungen vor, darf der Besitzer den Verpflichteten notfalls mit Gewalt festhalten. Das gleiche Recht steht auch dem Besitzdiener zu, dem es im vorgegebenen Fall übertragen wurde.
Subjektiv: – In Kenntnis und – aufgrund der Voraussetzungen der Selbsthilfe handelnd	Subjektiv: Die Handlung erfolgte zur Umsetzung des zivilrechtlichen Anspruchs des Auftraggebers.

Ergebnis: Die Festnahmehandlung war durch die Selbsthilfe gerechtfertigt.

Fortführung des Sachverhaltes:

Bei einem Ihrer folgenden Dienste sind Sie als Tagdienst auf der Golfanlage eingeteilt. Dabei bestreifen Sie nach einem im Voraus festgelegten Plan die verschiedenen Einrichtungen der Anlage. Dazu gehören auch künstlich angelegte Wasserstellen/Teiche.

Beim Näherkommen nehmen Sie dort Hilferufe einer Person war, welche sich in einem solchen Teich befindet. Die Person ist am Rand der Wasserstelle, kommt jedoch nicht selbstständig heraus und droht daher zu Ertrinken. In unmittelbarer Nähe des Teiches befindet sich ein älterer Golfspieler mit seiner gesamten Ausrüstung. Der ältere Herr beteuert Ihnen nicht helfen zu können. Sie bitten ihn um einen Golfschläger, damit Sie die Person aus dem Wasser ziehen können. Der Mann lehnt mit Hinweis auf den Preis seiner Schläger ab. Sie nehmen den Golfschläger trotzdem und es gelingt Ihnen damit, die Person aus dem Wasser zu retten. Allerdings geht dabei der teure Schläger kaputt. Der ältere Herr will Sie anzeigen und verlangt Schadenersatz.

4. Aufgabe:

a) Nennen und erläutern Sie die gesetzliche Vorschrift, mit welcher die Wegnahme des Golfschlägers gerechtfertigt werden kann!

b) Begründen Sie, ob Sie für den beschädigten Golfschläger Schadensersatz leisten müssen.

Lösung zu a) (09 Punkte):

Hypothese: Die Wegnahme könnte durch Notstand (Aggressivnotstand) gerechtfertigt sein.

Rechtsgrundlage/Voraussetzungen	Sachverhaltsbezogene Begründung
Notstand (Aggressivnotstand) § 904 BGB	
Voraussetzungen Objektiv: – gegenwärtige Gefahr für ein notstandfähiges Rechtsgut – Einwirkung auf eine fremde Sache, von der die Gefahr nicht ausgeht – Erforderlichkeit – Verhältnismäßigkeit	**Voraussetzungen** Objektiv: Die lebensbedrohliche Situation der hilferufenden Person begründet eine gegenwärtige Gefahr für das Rechtsgut der körperlichen Unversehrtheit. Der Golfschläger ist eine fremde Sache, von der keine Gefahr ausging. Es stand keine andere Möglichkeit als die Benutzung des Golfschlägers zur Abwehr der Gefahr zur Verfügung (Erforderlichkeit). Die Rechtsgüterabwägung wurde beachtet, da das gefährdete Leben mehr Wert ist, als der zerbrochene Schläger (Verhältnismäßigkeit).
Subjektiv: – Verteidigungswille	Subjektiv: Die Handlung erfolgte mit Verteidigungswillen.

Ergebnis: Die Handlung war zwar durch Aggressivnotstand gerechtfertigt.

Lösung zu b) (03 Punkte):

Hypothese: Es könnte ein Anspruch auf Schadensersatz bestehen.

Anspruchsgrundlage/Voraussetzungen	Sachverhaltsbezogene Begründung
Anspruch auf Schadensersatz § 904 Satz 2 BGB	
Voraussetzungen Objektiv: – eine nicht gefahrbringende Sache – wird im Rahmen einer Notstandshandlung – beschädigt oder zerstört	**Voraussetzungen** Objektiv: Vom Golfschläger selbst ging keine Gefahr aus. Er wurde aber im Rahmen einer Notstandshandlung (Rettung der hilferufenden Person) eingesetzt und dabei zerstört (zerbrochen).
Subjektiv: – Verteidigungswille	Subjektiv: Die Handlung erfolgte mit Verteidigungswillen. Da vom Eigentümer des Golfschlägers und auch von diesem selbst keine Gefahr ausgeht, ist der Eigentümer berechtigt, Schadensersatz zu verlangen.

Ergebnis: Ein Anspruch auf Schadensersatz besteht.

Beachte

Grundsätzlich ist die Person, die eine nichtgefahrbringende Sache beschädigt oder zerstört zum Schadensersatz verpflichtet. Allerdings kann diese den Schadensersatzanspruch gegenüber der Person, die die Gefahr verschuldet hat, geltend machen. Daher könnten unter Umständen und je nach Begründung beide Antworten (Ja/Nein) richtig sein.

Fortführung des Sachverhaltes:

Nachdem Sie die Person gerettet und den von Ihnen herbeigerufenen Sanitätern übergeben haben, suchen Sie das Gespräch mit dem älteren Golfspieler. Der ältere Herr teilt Ihnen auf Ihre Frage mit, dass er es gar nicht einsehe, solchen Personen zu helfen. Wer allein ins Wasser hineinkomme, der komme auch selbst wieder heraus. Außerdem wolle er sich seine teuren Golfsachen nicht nass oder gar schmutzig machen.

5. Aufgabe:

Nennen und begründen Sie die Vorschrift, gegen die der ältere Golfspieler verstoßen hat!

Lösung (10 Punkte):

Hypothese: Der ältere Golfspieler könnte eine unterlassene Hilfeleistung begangen haben.

Straftat/Tatbestandsmerkmale	Sachverhaltsbezogene Begründung
Unterlassene Hilfeleistung § 323c StGB **1. Tatbestandsmäßigkeit** Objektiv: – bei Unglücksfällen nicht Hilfe leisten, obwohl dies – erforderlich, – zumutbar und – möglich ist Subjektiv: – Vorsatz	**1. Tatbestandsmäßigkeit** Objektiv: Der ältere Herr hat die lebensbedrohliche Situation im Teich wahrgenommen, bei der sofortige Hilfe erforderlich war. Laut Sachverhalt war ihm die Hilfeleistung zumutbar und möglich. Subjektiv: Er hat sich bewusst entschieden (Vorsatz), nicht zu helfen, um seine teuren Sachen nicht schmutzig zu machen.
2. Rechtswidrigkeit	**2. Rechtswidrigkeit** Zur Unterlassung der Hilfeleistung hatte der Golfer kein Recht, handelte also rechtswidrig. Ein Rechtfertigungsgrund ist im Sachverhalt nicht vorhanden.
3. Schuld	**3. Schuld** Entschuldigungsgründe liegen nicht vor.

Ergebnis: Der Golfspieler hat sich einer unterlassenen Hilfeleistung strafbar gemacht.

4.2.2 Sachverhalt „Golfshop“

Sie sind nach wie vor als Fach- bzw. Servicekraft für Schutz und Sicherheit in der Falkenauge Wachsam GmbH tätig. Ihr Kunde, die Golfplatz GmbH betreibt auf dem Gelände des Platzes ein Ladengeschäft mit hochwertigen Ausrüstungs- und Bekleidungsgegenständen für das Golfen. Neben dem Laden existiert noch ein Außengelände, auf welchem vor allem fahrbare Untersätze für das Golfspielen und Rasenmäher ausgestellt sind. Das Außengelände des Shops grenzt unmittelbar an die Zugangsstraße zum Golfplatz. Sie sind als Sicherheitsmitarbeiter (m/w) eingesetzt. Eine Shop-Verkäuferin beobachtet einen Kunden wie er einen teuren Golfschläger aus dem Ladengeschäft entnimmt und damit in das Außengelände geht. Dort versteckt er ihn am Rande des Objektzaunes. Er verlässt kurz vor Ladenschluss das Gelände, ohne etwas zu kaufen bzw. mitzunehmen.

Diese Information erhält die NSL Ihres Sicherheitsunternehmens. Es wird entschieden, dass Sie mit dem Kollegen B die Observation des Golf-Shops übernehmen. Bereits bevor Sie Ihre Ausgangsstellung beziehen können, erkennen Sie einen vor dem Zaun des Golf-Shops abgestellten PKW mit geöffneter Kofferraumklappe. Im Kofferraum befindet sich ein Golfschläger, der Zaun zum Shopgelände ist mannsgroß aufgeschnitten.

Ihr Kollege B entschließt sich durch den aufgeschnittenen Zaun auf das Gelände zu gehen. Dabei triff er auf den Täter, der ihm unvermittelt mit einem zweiten entwendeten Golfschläger von hinten auf den Kopf schlägt, wodurch B erheblich verletzt wird.

Ihnen läuft der Täter in die Arme, sodass Ihnen ohne weitere Gegenwehr die Festnahme gelingt. Bis zur Übergabe an die Polizei beschimpft Sie der Täter mit den Worten: *„Du Blödmann, du dummer Ochse“*. Der Golfschläger aus dem Kofferraum des Täterfahrzeuges wird von Ihnen in Verwahrung genommen.

1. Aufgabe:

a) Nennen und begründen Sie, welche Straftatbestände der Täter erfüllt hat.

b) Begründen Sie, ob die vorläufige Festnahme des Täters gerechtfertigt war!

c) Erläutern Sie, aufgrund welcher Rechtsvorschrift der Golfschläger von Ihnen einbehalten werden konnte.

Lösung zu a) – Teil 1 (09 Punkte):

Hypothese: Der Täter könnte einen versuchten Diebstahl in besonders schwerem Fall begangen haben.

Straftatbestand/Tatbestandsmerkmale	Sachverhaltsbezogene Begründung
Versuchter Diebstahl in besonders schwerem Fall §§ 242, 243 Abs. 1 Nr. 1, 22, 23 StGB	
1. Tatbestandsmäßigkeit Objektiv: – eine fremde Sache – einem anderen – wegnehmen – zur Ausführung der Tat in einen umschlossenen Raum (Geschäftsraum/umzäunter Lagerplatz) einbrechen – *Nichtvollendung der Tat* – *Strafbarkeit des Versuchs*	**1. Tatbestandsmäßigkeit** Objektiv: Die wertvollen Golfschläger waren für den Täter fremde, bewegliche Sachen. Indem er sie an sich nahm und in seinem PKW unterbrachte, hat er fremden Gewahrsam gebrochen. Der Sicherheitsmitarbeiter verhinderte, dass neuer Gewahrsam begründet werden konnte. Zur Tatdurchführung zerschnitt der Täter den Zaun der Golfanlage (umschlossener Raum) und drang auf das befriedete Besitztum ein. Durch das Eingreifen des SMA blieb es beim versuchten Diebstahl. Der Versuch des Diebstahls ist strafbar (§ 242 Abs. 2 StGB).
Subjektiv: – *Tatentschluss* – Vorsatz – mit rechtswidriger Zueignungsabsicht	Subjektiv: Der Täter war zur Tat entschlossen und handelte mit Wissen und Wollen, die Golfschläger zu behalten (Zueignungsabsicht).

►

2. Rechtswidrigkeit	**2. Rechtswidrigkeit** Zum Eindringen hatte er kein Recht, handelte also rechtswidrig.
3. Schuld	**3. Schuld** Keine Besonderheiten.

Ergebnis: Der Täter hat einen versuchten Diebstahl in besonders schwerem Fall begangen.

Beachte

Der Hausfriedensbruch (unbefugtes Eindringen auf das befriedete Besitztum der Golfanlage) und die Sachbeschädigung (Zerschneiden des Zaunes) werden vom Diebstahl im besonders schweren Fall konsumiert. Daher würden Ausführungen zu diesen Straftaten keine zusätzlichen Bewertungspunkte ergeben. Werden beiden Straftaten oder eine davon allerdings an Stelle des Diebstahls ausgeführt, ist eine anteilige Bewertung angebracht.

Lösung zu a) – Teil 2 (06 Punkte):

Hypothese: Der Täter könnte eine gefährliche Körperverletzung begangen haben.

Straftatbestand/Tatbestandsmerkmale	Sachverhaltsbezogene Begründung
Gefährliche Körperverletzung §§ 223, 224 Abs. 1 Nr. 2 StGB	
1. Tatbestandsmäßigkeit Objektiv: – eine andere Person – mittels eines gefährlichen Werkzeugs – körperlich misshandeln	**1. Tatbestandsmäßigkeit** Objektiv: Der Täter schlug dem SMA (andere Person) mit dem Golfschläger auf den Kopf (Misshandlung). Der Golfschläger ist aufgrund seiner konkreten Benutzung ein gefährliches Werkzeug.
Subjektiv: – Vorsatz	Subjektiv: Der Täter handelte mit Wissen und Wollen.

►

2. Rechtswidrigkeit	**2. Rechtswidrigkeit** Zur Handlung hatte der Täter kein Recht. Rechtfertigungsgründe sind nicht vorhanden
3. Schuld	**3. Schuld** Keine Besonderheiten.

Ergebnis: Der Täter beging eine gefährliche Körperverletzung.

Lösung zu a) – Teil 3 (04 Punkte):

Hypothese: Der Täter könnte eine Beleidigung begangen haben.

Straftatbestand/Tatbestandsmerkmale	Sachverhaltsbezogene Begründung
Beleidigung § 185 StGB	
1. Tatbestandsmäßigkeit Objektiv: – Ehre/Würde – eines anderen – verletzen	**1. Tatbestandsmäßigkeit** Objektiv: Der Täter bezeichnet den SMA als „Blödmann“ und „dummen Ochsen“. Das stellt eine Beleidigung bzw. Ehrverletzung dar.
Subjektiv: – Vorsatz	Subjektiv: Die Beschimpfung wurde vom Täter auch so gewollt.
2. Rechtswidrigkeit	**2. Rechtswidrigkeit** Rechtfertigungsgründe sind nicht vorhanden
3. Schuld	**3. Schuld** Keine Besonderheiten.
4. Strafverfolgungsvoraussetzung – Antragsdelikt	**4. Strafverfolgungsvoraussetzung** Die Beleidigung ist ein Antragsdelikt (§ 194 StGB).

Ergebnis: Der Täter hat eine Beleidigung begangen.

Lösung zu b) (07 Punkte):

Hypothese: Das Festhalten des Täters könnte durch das Recht der vorläufigen Festnahme gerechtfertigt sein.

Rechtsgrundlage/Voraussetzungen	Sachverhaltsbezogene Begründung
Vorläufige Festnahme § 127 Abs. 1 StPO	
Voraussetzungen Objektiv: - Straftat - Betroffenheit bei frischer Tat - Fluchtgefahr - fehlende Identität	**Voraussetzungen** Objektiv: Der Täter wurde auf frischer Tat (siehe oben, besonders schwerer Fall des Diebstahls u. a.) betroffen und wollte sich durch Flucht der strafrechtlichen Verantwortlichkeit entziehen. Er war dem SMA zum Zeitpunkt der Festnahme unbekannt.
Subjektiv: - Strafverfolgungszuführungswillen	Subjektiv: Der SMA hält den Täter fest, der zuvor einen versuchten Diebstahl und eine Körperverletzung begangen hat, da er den Täter der Polizei übergeben will.

Ergebnis: Der Täter durfte vorläufig festgenommen werden.

Lösung zu c) (07 Punkte):

Hypothese: Die Einbehaltung des Golfschlägers könnte im Rahmen der Selbsthilfe des Besitzdieners gerechtfertigt sein.

Rechtsgrundlage/Voraussetzungen	Sachverhaltsbezogene Begründung
Selbsthilfe des Besitzers/Besitzdieners §§ 859, 860, 855, 858 BGB	
Voraussetzungen Objektiv: Der Besitzer darf sich - verbotener Eigenmacht (Besitzentzug), - erwehren (Besitzkehr). Das gleiche Recht steht dem Besitzdiener zu.	**Voraussetzungen** Objektiv: Durch den Täter wurde versucht, dem Besitzer seinen Besitz (Golfschläger) zu entziehen = verbotene Eigenmacht. Dagegen darf sich der Besitzer notfalls mit Gewalt wehren = Selbsthilfe des Besitzers (Besitzkehr). Die gleichen Rechte stehen dem Besitzdiener zu. Aus dem Sachverhalt geht hervor, dass die SMA die Besitzdienerrechte in Anspruch nehmen konnte.
Subjektiv: - Handeln im Selbsthilfewillen	Subjektiv: Ihre Handlung war verhältnismäßig und getragen vom Selbsthilfewillen.

Ergebnis: Die Einbehaltung war durch die Selbsthilfe des Besitzdieners gerechtfertigt.

Fortführung des Sachverhaltes:

Ihr Kollege B klagt in der Folge über Schmerzen am Kopf, die durch den Schlag des Täters mittels des Golfschlägers entstanden sind. Er wird mittels Krankentransportwagen dem Durchgangsarzt in der Rettungsstelle im Klinikum Strausberg vorgestellt. Der Arzt attestiert ein Schädel-Hirn-Trauma und schreibt den Kollegen für voraussichtlich zwei Wochen arbeitsunfähig. Des Weiteren fertigt er einen Bericht für die gesetzliche Unfallversicherung. Er muss Medikamente nehmen und sich in dieser Zeit mehrmals zur ärztlichen Behandlung zu seinem Hausarzt begeben.

2. Aufgabe:

Erläutern Sie, wer welche zivilrechtlichen Ansprüche gegenüber dem Täter geltend machen kann! Die Anspruchsgrundlage muss nur benannt und nicht geprüft werden.

Lösung (09 Punkte):

Hypothese: Verschiedene Leistungserbringer könnten gegen den Täter zivilrechtliche Ansprüche aus unerlaubter Handlung (§ 823 BGB) haben.

Wer?	Welche Ansprüche?
a) Sicherheitsmitarbeiter (SMA)	Verdienstausfall während der Arbeitsuntauglichkeit, Schmerzensgeld
b) Arbeitgeber des SMA	Lohnfortzahlung im Krankheitsfall
c) Gesetzliche Krankenversicherung bzw. gesetzliche Unfallversicherung	Behandlungskosten, Transportkosten
d) Inhaber des Golfshops	Schadensersatz für aufgeschnittenen Zaun, Rückgabe des entwendeten Golfschlägers

Ergebnis: Die aufgeführten Leistungserbringer haben Ansprüche auf Schadenersatz aus der unerlaubten Handlung.

Fortführung des Sachverhaltes:

Kurz vor Ende Ihres Dienstes spricht Sie eine Golfspielerin an, als Sie in Höhe der Umkleidekabinen Ihren Streifengang durchführen. Sie hege den Verdacht, aus einer benachbarten Kabine mittels einer Minikamera beobachtet zu werden. Sie gehen der Sache nach und treffen tatsächlich in der Nachbarkabine eine männliche Person an, die heimlich Fotoaufnahmen durch ein in der Kabinenwand befindliches Loch gefertigt hat. Der Beschuldigte gibt dieses Handeln auch ohne Umschweife zu. Er sieht darin jedoch kein Fehlverhalten und meint, Sie sollen sich nicht so aufregen.

3. Aufgabe:

Erläutern Sie, wie das Verhalten der Person strafrechtlich zu beurteilen ist.

Lösung (06 Punkte):

Hypothese: Der Täter könnte den höchstpersönlichen Lebensbereich durch Bildaufnahmen verletzt haben.

Straftatbestand/Tatbestandsmerkmale	Sachverhaltsbezogene Begründung
Verletzung des höchstpersönlichen Lebensbereichs durch Bildaufnahmen § 201a Abs. 1 Nr. 1 StGB	
1. Tatbestandsmäßigkeit Objektiv: – von einer anderen Person – die sich in einem gegen Einblick geschützten Raum befindet – unbefugt Bildaufnahmen herstellen – und dadurch den höchstpersönlichen Lebensbereich verletzen Subjektiv: – Vorsatz	**1. Tatbestandsmäßigkeit** Objektiv: Der Täter hat von der jungen Golfspielerin (andere Person) in ihrer Umkleidekabine (gegen Einblick geschützter Raum) heimlich (unbefugt) Bildaufnahmen gemacht. Damit hat er ihre Intimsphäre (höchstpersönlichen Lebensbereich) verletzt. Subjektiv: Der Täter handelte mit Wissen und Wollen (Vorsatz).
2. Rechtswidrigkeit	**2. Rechtswidrigkeit** Ein Rechtfertigungsrund besteht nicht.
3. Schuld	**3. Schuld** Keine Besonderheiten.
4. Strafverfolgungsvoraussetzung – Antragsdelikt	**4. Strafverfolgungsvoraussetzung** Das Delikt wird nach § 205 StGB auf Antrag verfolgt.

Ergebnis: Es liegt eine Verletzung des höchstpersönlichen Lebensbereichs durch Bildaufnahmen vor.

4.3 Prüfungsfall „Objektschutz"

4.3.1 Sachverhalt „Volkshaus"

Ihr Sicherheitsunternehmen erhält den Auftrag zur Absicherung kommender Veranstaltungen im Strausberger „Volkshaus". In den nächsten Wochen finden dort eine Reihe von Tanzveranstaltungen/Diskotheken statt. Der Dienst wird mittels einer Dienstanweisung geregelt. Zu den Kernaufgaben, die Sie als Fach-/Servicekraft für Schutz und Sicherheit haben, gehören die Zutritts- und Körperkontrolle, die Innenbestreifung und die Intervention bei besonderen Vorkommnissen. Zu diesem Zweck sind das Hausrecht und die Besitzdienerrechte dem Sicherheitspersonal übertragen worden. Es gilt die Hausordnung, welche unter anderem zum friedlichen Verhalten und Befolgen der Anordnungen des Sicherheitspersonals verpflichtet. Es ist vorgesehen, dass jeder Sicherheitsmitarbeiter in verschiedenen Positionen und Aufgabenfeldern eingesetzt wird.

1. Aufgabe:

Nennen Sie Voraussetzungen gemäß Gewerbeordnung und Bewachungsverordnung, die an einen Sicherheitsmitarbeiter gestellt werden, der die Einlasskontrolle einer Diskothek durchführt.

Lösung (09 Punkte):

Hypothese: Aus der Gewerbeordnung und der Bewachungsverordnung ergeben sich verschiedene Voraussetzungen.

Rechtsgrundlage	Inhalt
§ 34a GewO (Gewerbeordnung) i. V. m. **§ 16 (BewachV)** Bewachungsverordnung (Beschäftigte)	Beschäftigte im Sicherheitsgewerbe müssen - **zuverlässig** und - **volljährig** (mit Ausnahme FKSS/SKSS) - durch die Wohnsitzbehörde im Bewacherregister freigegeben sein - und über die erforderlichen Kenntnisse verfügen bzw. diese nachweisen. Bei Bewachungstätigkeiten im Einlassbereich gastgewerblicher Diskotheken muss zudem die **Sachkundeprüfung** im Bewachungsgewerbe vorliegen.

Ergebnis: Es sind nur zuverlässige, volljährige und vom Bewacherregister freigegebene Personen, die über die Sachkundeprüfung verfügen, einzusetzen.

Fortführung des Sachverhaltes:

Als erfahrene Fach-/Servicekraft für Schutz und Sicherheit sollen Sie die Einlasskontrolle gemeinsam mit dem neuen Kollegen A vornehmen. Dazu sollen Sie ihn in Sachen Dienstanweisung und anderer Vorschriften unterrichten. Vor Dienstbeginn erklärt er ihnen, dass er sich einen Schlagstock privat besorgen und diesen in seiner Dienstjacke mitführen wolle, um sich gegebenenfalls besser verteidigen zu können. Er sei sich aber nicht sicher, ob sein Vorhaben im Einklang mit der Bewachungsverordnung stehe.

2. Aufgabe:

Erläutern Sie Ihrem neuen Kollegen die für Sicherheitsmitarbeiter geltenden Bestimmungen aus der Bewachungsverordnung über das Mitführen und Einsetzen von Waffen.

Lösung (09 Punkte):

Hypothese: In der Bewachungsverordnung könnten konkrete Regelungen zum Mitführen und zum Einsatz von Waffen festgelegt sein.

Rechtsgrundlage	Inhalt
§ 17 BewachV (Dienstanweisung) **§ 20 BewachV** (Behandlung der Waffen und Anzeigepflicht nach Waffengebrauch)	Der Wachdienst im Veranstaltungsschutz ist in einer **Dienstanweisung** zu regeln. Laut Sachverhalt ist das geschehen. Die Dienstanweisung muss ferner bestimmen: – dass die Wachperson während des Dienstes **nur mit Zustimmung** des Gewerbetreibenden eine Schusswaffe, Hieb- und Stoßwaffen sowie Reizstoffsprühgeräte führen darf – und **jeden Gebrauch** dieser Waffen unverzüglich der zuständigen Polizeidienststelle und dem Gewerbetreibenden anzuzeigen hat.

Ergebnis: Die Bewachungsverordnung regelt ganz konkret den Umgang mit Waffen im Wachdienst.

Fortführung des Sachverhaltes:

Sicherheitsmitarbeiter A und Sie haben ihre Tätigkeit am Eingang des Strausberger „Volkshaus“ aufgenommen. Gegen Mitternacht lässt ein unbekannter Mann Y die routinemäßige Körperkontrolle nur mürrisch über sich ergehen. Als der Kollege A einen verdächtigen Gegenstand im Mantel des Y ertastet, bittet er ihn, diesen Gegenstand herauszuholen und zu zeigen. Y reagiert aggressiv und schlägt Ihrem Kollegen A unvermittelt mit der Faust ins Gesicht, sodass dessen Nase blutet. Da Y nicht aufhört, den A mit Schlägen zu traktieren, stoßen Sie ihn heftig zur Seite. Dadurch prallt Y gegen die Hauswand und erleidet eine leichte Platzwunde am Kopf. Ein bleibender Gesundheitsschaden entsteht nicht.

3. Aufgabe:

Erläutern Sie aus strafrechtlicher Sicht, ob Ihre Vorgehensweise gegen Y zulässig war.

Lösung (10 Punkte):

Hypothese: Die Körperverletzung könnte durch Notwehr (Nothilfe) gerechtfertigt sein.

Straftatbestand/Tatbestandsmerkmale	Sachverhaltsbezogene Begründung
Körperverletzung § 223 StGB	
1. Tatbestandsmäßigkeit Objektiv: – einen anderen – körperlich misshandeln	**1. Tatbestandsmäßigkeit** Objektiv: Das Stoßen des Y und die dadurch erlittene Platzwunde stellt eine körperliche Misshandlung dar.
Subjektiv: – Vorsatz	Subjektiv: Die Tat erfolgte mit Vorsatz.
2. Rechtswidrigkeit Notwehr (Nothilfe) § 32 StGB – einen gegenwärtigen, rechtswidrigen Angriff – auf einen anderen – mit erforderlicher Verteidigungshandlung abwehren – Verteidigungswille	**2. Rechtswidrigkeit** Da der Y jedoch zuvor fortlaufend und grundlos auf den Kollegen A (einen anderen) eingeschlagen hat, lag ein gegenwärtiger, rechtswidriger Angriff vor. Das Stoßen des Y diente der Beendigung dieses Angriffs und war erforderlich und auch angemessen. Der Verteidigungswille ist gegeben. Damit war das Handeln durch Notwehr gerechtfertigt. Es liegt damit keine Straftat vor.
3. Schuld	**3. Schuld** Auf die Schuld ist deshalb nicht einzugehen.

Ergebnis: Die Körperverletzung des Y war durch Nothilfe gerechtfertigt.

Fortführung des Sachverhaltes:

Innerhalb kürzester Zeit hat sich der unbekannte Mann Y von dem Aufprall erholt und schlägt jetzt auf Sie ein. Gemeinsam mit A gelingt es Ihnen, den Angriff abzuwehren. Da Y weder bekannt ist, noch sich auf Aufforderung ausweist und weiterhin randaliert, wird er von Ihnen vorläufig festgenommen bis die alarmierte Polizei eintrifft.

4. Aufgabe:

Erläutern Sie die Rechtsgrundlage, nach der Sie gehandelt haben.

Lösung (10 Punkte):

Hypothese: Die Freiheitsberaubung könnte durch die vorläufige Festnahme gerechtfertigt sein.

Rechtsgrundlage/Voraussetzungen	Sachverhaltsbezogene Begründung
Vorläufige Festnahme § 127 Abs. 1 StPO	
Voraussetzungen Objektiv: – bei einer Straftat (frische Tat) betroffen – ohne bekannte Identität – Fluchtverdacht	**Voraussetzungen** Objektiv: Der Y hat eine Straftat in Form der noch andauernden Körperverletzung gegenüber den Sicherheitsmitarbeitern begangen. Seine Identität war nicht bekannt und er weigerte sich auch, sich auszuweisen.
Subjektiv: – Strafverfolgungszuführungswille	Subjektiv: Durch die geplante Übergabe an die Polizei ist der Strafverfolgungszuführungswille gegeben.

Ergebnis: Damit war die vorläufige Festnahme gerechtfertigt.

Beachte

Alternativ könnte der Sachverhalt über die Selbsthilfe (§ 229 BGB) gelöst werden. Durch das Rufen der Polizei (siehe Sachverhalt) ist allerdings vorrangig von der Strafverfolgungszuführung auszugehen.

Fortführung des Sachverhaltes:

In der folgenden Woche werden Sie und Ihr Kollege wieder zum Veranstaltungsschutz, diesmal im Innenraum des Strausberger „Volkshaus“, eingesetzt. Eine Thekenkraft fordert Sie zur Unterstützung an, weil zwei alkoholisierte Gäste in Streit geraten sind und sich prügeln. Sie eilen herbei. Ihre Aufforderung an die beiden, sich friedlich zu verhalten oder die Diskothek unverzüglich zu verlassen, zeigt keine Wirkung. Daraufhin wenden Sie und Ihre Kollegen einfache Hebelgriffe an und verbringen die beiden nach draußen.

5. Aufgabe:

a) Erläutern Sie das Verhalten der beiden alkoholisierten Gäste aus zivilrechtlicher Sicht.

b) Erläutern Sie die zivilrechtliche Grundlage, auf die Sie sich bei Ihrer Vorgehensweise stützen.

Lösung zu a) (04 Punkte):

Hypothese: Die beiden alkoholisierten Gästen könnten eine verbotene Eigenmacht begangen haben.

Rechtsgrundlage/Voraussetzungen	Sachverhaltsbezogene Begründung
Verbotene Eigenmacht § 858 Abs. 1 BGB	
Voraussetzungen <u>Objektiv:</u> – andauernde Besitzstörung	**Voraussetzungen** <u>Objektiv:</u> Die beiden Gäste haben mit ihrem Verhalten **gegen die Hausordnung** des „Volkshaus“ verstoßen, wonach sich jeder Gast friedvoll zu verhalten und den Anweisungen des Sicherheitspersonals Folge zu leisten hat.
<u>Subjektiv:</u> – gegen den Willen des Besitzers	<u>Subjektiv:</u> Damit handelten sie **gegen den Willen des Besitzers** und **störten seinen Besitz**.

Ergebnis: Die beiden Gäste haben eine verbotene Eigenmacht begangen.

Lösung zu b) (08 Punkte):

Hypothese: Das Sicherheitspersonal könnte im Rahmen der Selbsthilfe des Besitzdieners handeln.

Rechtsgrundlage/Voraussetzungen	Sachverhaltsbezogene Begründung
Selbsthilfe des Besitzdieners §§ 859, 860, 855, 858 BGB	
Voraussetzungen Objektiv: Der Besitzer darf sich – verbotener Eigenmacht (Besitzentzug), – erwehren (Besitzwehr). Das gleiche Recht steht dem Besitzdiener zu.	**Voraussetzungen** Objektiv: Dem Sicherheitspersonal wurden die **Besitzrechte übertragen**, damit handelten sie als **Besitzdiener**. Besitzdiener dürfen sich **verbotener Eigenmacht durch Besitzwehr verteidigen**. Indem die Sicherheitsmitarbeiter die Gäste mit einfachen Handgriffen aus der Diskothek führen, machen sie von diesem Recht im Rahmen der **Verhältnismäßigkeit** Gebrauch.
Subjektiv: – Selbsthilfewille	Subjektiv: Das Sicherheitspersonal handelt in Durchsetzung der vertraglichen Rechte und damit im Selbsthilfewille.

Ergebnis: Das Handeln war durch Selbsthilfe der Besitzdiener gerechtfertigt.

4.3.2 Sachverhalt „Zementwerk"

Ihr Sicherheitsunternehmen erbringt für das Rüdersdorfer Zementwerk der CEMEX AG Sicherheitsdienstleistungen. Am Werkstor führen Sie als Fach- bzw. Servicekraft für Schutz und Sicherheit mit zwei weiteren Kollegen den Torkontroll- und Einlassdienst durch. Gegen 09:30 Uhr kontrollieren Sie die einfahrenden PKW. Zu dieser Zeit fährt ein PKW mit unangepasster Geschwindigkeit bis kurz vor die geschlossene Einfahrtschranke.

Der Fahrer A öffnet das Seitenfenster des PKW und bittet Sie, ohne weitere Formalitäten einfahren zu können. In der Vergangenheit hätten die anderen Sicherheitskräfte dies mit ihm immer so praktiziert. Sie geben A zu verstehen, dass er sich im Eingangsgebäude eine Einfahrtserlaubnis und einen Besucherausweis ausstellen lassen müsse, ansonsten sei die Einfahrt nicht erlaubt. Der Fahrer A demonstriert Eile, indem er anfährt und gegen die Schranke stößt, die dadurch verbogen wird und nicht mehr funktionstüchtig ist.

Daraufhin ruft der Fahrer aus seinem Seitenfenster: *„Aus dem Weg, jetzt reicht es mir aber, euch pingeligen Typen zeig ich jetzt mal, wie es schneller geht.“* und fährt ohne Rücksicht auf Sie über die gekennzeichnete Sperrfläche auf das Firmengelände.

Sie können gerade noch zur Seite treten, werden aber vom Außenspiegel des PKW des A am Unterarm erfasst und erleiden dadurch eine schmerzhafte Verletzung ohne bleibenden Gesundheitsschaden.

1. Aufgabe:

Erläutern Sie, gegen welche Straftatbestände A durch sein Verhalten bei der Einfahrt am Werkstor verstoßen hat.

Lösung Teil 1 (08 Punkte):

Hypothese: A könnte eine gefährliche Körperverletzung begangen haben.

Straftatbestand/Tatbestandsmerkmale	Sachverhaltsbezogene Begründung
Gefährliche Körperverletzung §§ 223, 224 Abs. 1 Nr. 2 StGB **1. Tatbestandsmäßigkeit** Objektiv: – einen anderen – körperlich misshandeln – mittels eines anderen gefährlichen Werkzeugs	 **1. Tatbestandsmäßigkeit** Objektiv: Indem der A den SMA mittels des PKW-Seitenspiegels am Unterarm schmerzhaft verletzt, beging er die Körperverletzung. Der **PKW stellt auch ein anderes gefährliches Werkzeug dar**, da er geeignet ist, schwere Verletzungen herbeizuführen.

►

Subjektiv: – Vorsatz	Subjektiv: Der A handelt mit Wissen und Wollen (Vorsatz).
2. Rechtswidrigkeit	**2. Rechtswidrigkeit** Der Täter handelt ohne Rechtfertigungsgrund (rechtswidrig).
3. Schuld	**3. Schuld** Keine Besonderheiten.

Ergebnis: A hat eine gefährliche Körperverletzung begangen.

Lösung Teil 2 (06 Punkte):

Hypothese: A könnte weiterhin eine Nötigung begangen haben.

Straftatbestand/Tatbestandsmerkmale	Sachverhaltsbezogene Begründung
Nötigung § 240 StGB **1. Tatbestandsmäßigkeit** Objektiv: – einen Menschen – rechtswidrig – durch Drohung mit einem empfindlichen Übel – zu einer Handlung nötigen	**1. Tatbestandsmäßigkeit** Objektiv: Indem der A sich nach Drohung und durch Gewalt mittels PKW Zugang zum Firmengelände verschaffte, ohne dazu berechtigt zu sein, handelte er tatbestandsmäßig. Dabei zwang er den SMA zur Duldung der Durchfahrt.
Subjektiv: – Vorsatz – Verwerflichkeit	Subjektiv: Der A handelt mit Wissen und Wollen (Vorsatz). Die Art und Weise des Vorgehens des A ist zu missbilligen und damit verwerflich.
2. Rechtswidrigkeit	**2. Rechtswidrigkeit** Der Täter handelt ohne Rechtfertigungsgrund (rechtswidrig).
3. Schuld	**3. Schuld** Keine Besonderheiten.

Ergebnis: A hat eine Nötigung begangen.

Lösung Teil 3 (04 Punkte):

Hypothese: A könnte eine Sachbeschädigung begangen haben.

Straftatbestand/Tatbestandsmerkmale	Sachverhaltsbezogene Begründung
Sachbeschädigung § 303 StGB	
1. Tatbestandsmäßigkeit Objektiv: – unbefugt (rechtswidrig) – eine fremde Sache beschädigen	**1. Tatbestandsmäßigkeit** Objektiv: Indem der A mit seinem PKW anfährt und an die Schranke stößt, die dadurch verbogen wird und nicht mehr funktionstüchtig ist, handelt er tatbestandsmäßig. Die Schranke ist beschädigt, da sie wieder repariert werden kann.
Subjektiv: – Vorsatz	Subjektiv: Der A handelt mit Wissen und Wollen.
2. Rechtswidrigkeit	**2. Rechtswidrigkeit** Der Täter handelt ohne Rechtfertigungsgrund (rechtswidrig).
3. Schuld	**3. Schuld** Keine Besonderheiten.
4. Strafverfolgungsvoraussetzung – Antragsdelikt	**4. Strafverfolgungsvoraussetzungen** Die Tat wird nur auf Antrag verfolgt (§ 303c StGB).

Ergebnis: A hat eine Sachbeschädigung begangen.

Lösung Teil 4 (04 Punkte):

Hypothese: A könnte einen Hausfriedensbruch begangen haben.

Straftatbestand/Tatbestandsmerkmale	Sachverhaltsbezogene Begründung
Hausfriedensbruch § 123 StGB **1. Tatbestandsmäßigkeit** Objektiv: – widerrechtlich eindringen – in Geschäftsräume und befriedetes Besitztum	 **1. Tatbestandsmäßigkeit** Objektiv: Indem der A mit seinem PKW über die gekennzeichnete Sperrfläche auf das Firmengelände fährt, ohne dazu berechtigt zu sein, handelt er objektiv tatbestandsmäßig. Das Firmengelände ist durch eine Schrankenanlage gesichert und dem A wurde die Einfahrt zuvor verwehrt.
Subjektiv: – Vorsatz	Subjektiv: Der A handelt mit Wissen und Wollen (Vorsatz).
2. Rechtswidrigkeit	**2. Rechtswidrigkeit** Der Täter handelt ohne Rechtfertigungsgrund (rechtswidrig).
3. Schuld	**3. Schuld** Keine Besonderheiten.
4. Strafverfolgungsvoraussetzung – Antragsdelikt	**4. Strafverfolgungsvoraussetzungen** Die Tat wird nur auf Antrag verfolgt (§ 123 Abs. 2 StGB).

Ergebnis: A hat einen Hausfriedensbruch begangen.

Fortführung des Sachverhaltes:

Der Objektleiter ordnet die Suche nach dem Fahrzeug und dem Fahrer an. Ihr Kollege D wird beauftragt, eine Fahrradstreife durchzuführen.

Während seiner Streife beobachtet er, wie die Werkmitarbeiter B und C rauchend vor einer Halle stehen, obwohl dort (gut sichtbar ausgeschildert) ein absolutes Rauchverbot besteht. In der Halle lagern leicht entzündliche Produkte.

Ihr Kollege D unterbindet das Rauchen sofort, notiert die Personalien und erstattet bezüglich des verbotenen Rauchens eine Meldung an den Werkleiter.

Das gesuchte Fahrzeug und den Fahrer konnte D trotz weiterer Suche nicht auffinden.

2. Aufgabe:

Erläutern Sie, gegen welche strafrechtliche Bestimmung B und C verstoßen haben.

Lösung (08 Punkte):

Hypothese: B und C könnten eine Brandgefahr herbeigeführt haben.

Straftatbestand/Tatbestandsmerkmale	Sachverhaltsbezogene Begründung
Herbeiführen einer Brandgefahr § 306f Abs. 1 Nr. 1 StGB	
1. Tatbestandsmäßigkeit Objektiv: – feuergefährdete Betriebe – durch Rauchen – in Brandgefahr bringen	**1. Tatbestandsmäßigkeit** Objektiv: Indem die Werkmitarbeiter B und C rauchend vor einer Halle stehen, in der leicht entzündliche Produkte lagern, obwohl dort absolutes Rauchverbot besteht, handeln sie objektiv tatbestandsmäßig.
Subjektiv: – Vorsatz	Subjektiv: Sie nehmen dabei mindestens billigend in Kauf, dass ein Brand in der Halle entsteht (Vorsatz).
2. Rechtswidrigkeit	**2. Rechtswidrigkeit** Zu der Handlung hatten B und C kein Recht (Rechtswidrigkeit).
3. Schuld	**3. Schuld** Es liegen keine Schuldausschließungs- und Entschuldigungsgründe vor.

Ergebnis: B und C haben eine Brandgefahr herbeigeführt.

Fortführung des Sachverhaltes:

Kurz vor Schichtende fährt Ihr Kollege D mit dem Fahrrad auf dem Fahrradweg zurück zum Werkstor. An einer Kreuzung stellt er eine gefährliche Straßenabsenkung fest. Er beschließt, sich die Stelle erst am nächsten Tag noch einmal genauer anzusehen, da er sonst seine pünktliche Ablösung verpasst. Deswegen sichert er die Stelle nicht ab und meldet auch den Vorgang nicht.

Zum Arbeitsende fährt E mit dem Firmenfahrrad auf diesem Weg. Die gefährliche Absenkung erkennt er zu spät, fährt in die Absenkung und stürzt schwer. Dabei zieht er sich eine Fraktur zu, die einen Krankenhausaufenthalt erforderlich macht.

3. Aufgabe:

Erläutern Sie, ob Ihr Kollege D auf Grund seines Handelns strafrechtlich verantwortlich ist.

Lösung (14 Punkte):

Hypothese: D könnte eine Körperverletzung durch Unterlassen begangen haben.

Straftatbestand/Tatbestandsmerkmale	Sachverhaltsbezogene Begründung

Körperverletzung durch Unterlassen
§§ 223, 13 StGB
1. Tatbestandsmäßigkeit
Objektiv:
– einen anderen
– körperlich misshandeln
– *durch Unterlassen, (§ 13 StGB):*
  – *Garantenstellung*
  – *Pflicht verletzt/Unterlassen*
  – *negativer Erfolg ist eingetreten*
  – *Erfolgsabwendung war zumutbar*
	
	1. Tatbestandsmäßigkeit
	Objektiv:
	Durch seine Anstellung als Sicherheitsmitarbeiter gehört es zu den Pflichten des D, Gefahren von anderen abzuwenden (Garantenstellung). Diese Pflicht hat er verletzt, als er die erkannte Straßenabsenkung nicht absicherte, obwohl er dies im Rahmen seiner Arbeitszeit hätte tun können. Er hätte lediglich seine Ablösung versäumt. Es war ihm also zumutbar. Durch sein Unterlassen wurde der E verletzt und zog sich eine Fraktur zu.
	►

	Hätte D seine Pflicht nicht verletzt, wäre die Körperverletzung nicht geschehen.
Subjektiv: - Vorsatz	Subjektiv: Der D nimmt durch sein Unterlassen den negativen Erfolg billigend in Kauf (Vorsatz).
2. Rechtswidrigkeit	**2. Rechtswidrigkeit** Der Täter handelt ohne Rechtfertigungsgrund (rechtswidrig).
3. Schuld	**3. Schuld** Es liegen keine Schuldausschließungs- und Entschuldigungsgründe vor.
4. Strafverfolgungsvoraussetzung - Antragsdelikt	**4. Strafverfolgungsvoraussetzung** Die Tat wird nach § 230 Abs. 1 StGB nur auf Antrag verfolgt.

Ergebnis: D beging eine Körperverletzung durch Unterlassen.

Beachte

Hier waren nun die zusätzlichen Voraussetzungen des § 13 StGB (Unterlassen) zu prüfen (kursiv dargestellt).

Fortführung des Sachverhaltes:

Nach seiner Genesung erfährt E von der Personalabteilung, dass sein Sturz mit der schweren Verletzungsfolge vermeidbar gewesen wäre, wenn Ihr Kollege D die erforderlichen Absicherungsmaßnahmen an der Absenkung der Straße unmittelbar vorgenommen hätte. E entschließt sich, gegen D alle möglichen zivilrechtlichen Schritte einzuleiten.

4. Aufgabe:

Erläutern Sie, auf welcher rechtlichen Grundlage E und das Unternehmen CEMEX AG zivilrechtliche Schritte gegenüber D geltend machen können. Nennen Sie außerdem die möglichen zivilrechtlichen Ansprüche.

Lösung (06 Punkte):

Hypothese: E und das Unternehmen könnten gegen D einen Schadenersatzanspruch aus unerlaubter Handlung haben.

Anspruchsgrundlage/Voraussetzungen	Sachverhaltsbezogene Begründung
Schadensersatzanspruch durch unerlaubte Handlung § 823 Abs. 1 BGB	
1. Tatbestand/Ursächlichkeit – einem anderen – durch unerlaubte Handlung – eine Rechtsgutverletzung zufügen	**1. Tatbestand/Ursächlichkeit** Indem D nicht unmittelbar die erforderliche Absicherungsmaßnahme vornahm, obwohl er durch seinen Arbeitsvertrag zu einer solchen Handlung verpflichtet war, trug er ursächlich dazu bei, dass E auf dem Firmenfahrrad stürzte.
2. Rechtswidrigkeit	**2. Rechtswidrigkeit** Es sind keine Rechtfertigungsgründe ersichtlich.
3. Verschulden – vorsätzlich oder fahrlässig	**3. Verschulden** Zwar wollte D nicht, dass E stürzt. Er sicherte die gefährliche Stelle jedoch nicht und meldete sie auch nicht seinen Kollegen. Damit ließ er die im Verkehr erforderliche Sorgfalt außer Acht und handelte fahrlässig.
4. Schaden	**4. Schaden** E hat eine Fraktur erlitten.

Ergebnis: E und das Unternehmen haben gegen D einen Schadenersatzanspruch aus seiner unerlaubten Handlung.

Anspruchssteller	Mögliche Ansprüche
CEMEX AG	– Erstattung der Entgeltfortzahlungskosten wegen der Arbeitsunfähigkeit (Lohnfortzahlung) – Schaden am Fahrrad (Firmenfahrrad)
E	– Schaden an Bekleidung – Behandlungskosten – Verdienstausfall – Schmerzensgeld

Hinweis

Hier sind vorgesehene Punkte im Verhältnis zur dargestellten Prüfung eher unverhältnismäßig.

4.4 Prüfungsfall „OSZ“

4.4.1 Sachverhalt „Tag der offenen Tür“

Sie sind am Tag der offenen Tür des Oberstufenzentrums Märkisch-Oderland mit zwei weiteren Sicherheitsmitarbeitern zur Gewährleistung von Ordnung und Sicherheit innerhalb und außerhalb des Schulgeländes eingesetzt. In den Medien wurde bereits darüber informiert, dass mit einem sehr großen Interessentenandrang zu rechnen ist. An diesem Tag staut sich der Fahrzeugverkehr kilometerweit zurück. Um eine zügige Abfertigung der ankommenden Fahrzeuge zu ermöglichen, entschließt sich Ihr Kollege A, auf der öffentlichen Zufahrtsstraße, die zu dem Kundenparkplatz führt, die Verkehrsregelung zu übernehmen. Mit seinen Anweisungen leitet er die Fahrzeuge von der öffentlichen Straße zügig auf die Parkflächen.

1. Aufgabe:

Nennen und begründen Sie ausführlich, ob A berechtigt war, diese Handlung durchzuführen.

Lösung (05 Punkte):

Hypothese: A könnte eine Amtsanmaßung begangen haben.

Straftatbestand/Tatbestandsmerkmale	Sachverhaltsbezogene Begründung
Amtsanmaßung § 132 Var. 2 StGB	
1. Tatbestandsmäßigkeit Objektiv: – unbefugt eine Handlung vornehmen, – welche nur kraft eines öffentlichen Amtes vorgenommen werden darf	**1. Tatbestandsmäßigkeit** Objektiv: A war nicht berechtigt, den Verkehr zu regeln. A greift auf der Zufahrtsstraße in den öffentlichen Verkehr ein. Dazu ist er nicht befugt (rechtswidrig). A nimmt damit eine Handlung vor, die nur einem Amtsträger zusteht.
Subjektiv: – Vorsatz	Subjektiv: Der SMA handelt bewusst mit Wissen und Wollen (Vorsatz).
2. Rechtswidrigkeit	**2. Rechtswidrigkeit** Dazu hatte er kein Recht, handelt also rechtswidrig. Rechtfertigungsgründe sind nicht vorhanden.
3. Schuld	**3. Schuld** Es liegen keine Schuldausschließungs- und Entschuldigungsgründe vor.

Ergebnis: Der A beging eine Amtsanmaßung.

Fortsetzung des Sachverhaltes:

Am Haupteingang hat sich mittlerweile eine Menschenansammlung gebildet. Einige versuchen, Ihren dort eingesetzten Kollegen B dazu zu drängen, die Eingangstür früher zu öffnen, damit der Stau abgebaut werden kann. Eine Person löst sich aus der Menge und stößt B mit solcher Wucht gegen die Glasscheibe der Eingangstür, dass der B umfällt und sich eine Platzwunde am Kopf zuzieht.

2. Aufgabe:

Nennen und begründen Sie ausführlich

a) gegen welche Straftatbestände die unbekannte Person verstoßen hat.

b) nach welcher Rechtsvorschrift B auf Grund der beschriebenen Vorgehensweise einen zivilrechtlichen Anspruch haben könnte!

Lösung zu a) (05 Punkte):

Hypothese: Der Unbekannte könnte eine Körperverletzung begangen haben.

Straftatbestand/Tatbestandsmerkmale	Sachverhaltsbezogene Begründung
Körperverletzung §§ 223 StGB	
1. Tatbestandsmäßigkeit Objektiv: – eine andere Person – körperlich misshandeln	**1. Tatbestandsmäßigkeit** Objektiv: Der Unbekannte stößt den B gegen die Glasscheibe der Eingangstür. Dabei zieht sich der B eine Verletzung (Misshandlung) zu.
Subjektiv: – Vorsatz	Subjektiv: Der Täter handelte vorsätzlich (mit Wissen und Wollen).
2. Rechtswidrigkeit	**2. Rechtswidrigkeit** Zu der Handlung hatte der Unbekannte kein Recht (Rechtswidrigkeit).
3. Schuld	**3. Schuld** Es liegen keine Schuldausschließungs- und Entschuldigungsgründe vor.
4. Strafverfolgungsvoraussetzung – Antragsdelikt	**4. Strafverfolgungsvoraussetzungen** Die Tat wird nach § 230 Abs. 1 StGB nur auf Antrag verfolgt.

Ergebnis: Der Unbekannte hat eine Körperverletzung begangen.

Lösung zu b) (05 Punkte):

Hypothese: B könnte einen Anspruch auf Schadensersatz aus unerlaubter Handlung haben.

Anspruchsgrundlage/Voraussetzungen	Sachverhaltsbezogene Begründung
Zivilrechtlicher Anspruch auf Schadensersatz durch unerlaubte Handlung § 823 Abs. 1 BGB	
1. Tatbestand/Ursächlichkeit – einem anderen – durch unerlaubte Handlung – eine Rechtsgutverletzung zufügen (körperliche Unversehrtheit)	**1. Tatbestand/Ursächlichkeit** Der Unbekannte stößt B mit voller Wucht gegen die Glasscheibe (körperliche Misshandlung), sodass B umfällt.
2. Rechtswidrigkeit	**2. Rechtswidrigkeit** Das stellt eine widerrechtliche Handlung gem. § 823 BGB dar.
3. Verschulden – vorsätzlich oder fahrlässig	**3. Verschulden** Der Unbekannte tat dies aus Ungeduld, um B zum Öffnen der Tür zu drängen. Er wusste und wollte daher um seine Handlung (Vorsatz).
4. Schaden	**4. Schaden** B zieht sich dadurch eine Platzwunde am Kopf zu. Damit hat er gegen den Unbekannten Anspruch auf Schadensersatz in Form von: – Kosten der ärztlichen Behandlung, – Schmerzensgeld, – Lohnausfall.

Ergebnis: B hat einen Anspruch auf Schadenersatz aus unerlaubter Handlung.

Beachte

Bei der Verletzung eines der in § 823 Abs. 1 BGB genannten Rechtsgüter (Leben, Körper, Gesundheit, Freiheit, Eigentum) ist in der Regel zugleich auch ein Schadensersatzanspruch aus § 823 Abs. 2 BGB in Verbindung mit einem Schutzgesetz gegeben. Das bringt in diesen Fällen aber keine weiteren rechtlich relevanten Vorteile für den Anspruchsinhaber mit sich.

Fortführung des Sachverhaltes:

Nach Öffnung der Tür herrscht im OSZ ein erwartungsgemäß großer Andrang. Der Besucher K betritt das OSZ, um mit seiner Videokamera zu filmen. Dies wird ihm jedoch von der Leiterin des OSZ mit der Bemerkung, dass Filmverbot bestehe, abgelehnt. Diese Ablehnung versetzt Kurt derart in Aufregung, dass er die Beherrschung verliert und die mitgebrachte Videokamera nach der Leiterin wirft, die allerdings ausweichen kann. Ihr Kollege D beobachtet den Vorfall und versucht, beruhigend auf K einzuwirken. Als der aufgebrachte K daraufhin auch gegen D aggressiv wird, nimmt D den Kunden fest und sperrt ihn für mehrere Stunden in ein nahegelegenes Büro ein. Nachdem D den K nach mehreren Stunden aus dem Büro geholt hat, droht dieser ihm mit den Worten „*Dich steche ich ab*“.

3. Aufgabe:

Nennen und begründen Sie ausführlich,

a) gegen welche Rechtsvorschriften der K verstoßen hat.

b) ob D strafrechtlich zur Verantwortung gezogen werden kann.

Lösung zu a) – Teil 1 (09 Punkte):

Hypothese: K könnte den Versuch einer gefährlichen Körperverletzung begangen haben.

Straftatbestand/Tatbestandsmerkmale	Sachverhaltsbezogene Begründung
Gefährliche Körperverletzung, Versuch §§ 223, 224 Abs. 1 Nr. 2, Abs. 2, 22, 23 StGB **1. Tatbestandsmäßigkeit** Objektiv: – eine andere Person – körperlich misshandeln – mittels eines gefährlichen Werkzeugs – *Nichtvollendung der Tat* – *Strafbarkeit des Versuchs*	**1. Tatbestandsmäßigkeit** Objektiv: Das Werfen mit der Videokamera (gefährliches Werkzeug) auf die Leiterin des OSZ, die allerdings ausweichen konnte, stellt eine versuchte gefährliche Körperverletzung (Misshandlung einer anderen Person) dar. Der Versuch der gefährlichen Körperverletzung ist nach § 224 Abs. 2 StGB strafbar.

▶

<u>Subjektiv:</u> – *Tatentschluss* – Vorsatz	<u>Subjektiv</u>: Der Kunde war zur Tat entschlossen und handelte mit Wissen und Wollen (Vorsatz).
2. Rechtswidrigkeit	**2. Rechtswidrigkeit** Der Täter handelte ohne Rechtfertigungsgrund (rechtswidrig).
3. Schuld	**3. Schuld** Es liegen keine Schuldausschließungs- und Entschuldigungsgründe vor.

Ergebnis: K hat den Versuch einer gefährlichen Körperverletzung begangen.

Lösung zu a) – Teil 2 (05 Punkte):

Hypothese: K könnte eine Bedrohung begangen haben.

Straftatbestand/Tatbestandsmerkmale	Sachverhaltsbezogene Begründung
Bedrohung § 241 Abs. 1 StGB	
1. Tatbestandsmäßigkeit <u>Objektiv:</u> – einen Menschen – mit der Begehung eines gegen ihn gerichteten Verbrechens – bedrohen	**1. Tatbestandsmäßigkeit** <u>Objektiv:</u> Mit den Worten *„Dich steche ich ab"* droht der K dem D an, ihn zu töten. Ein Tötungsdelikt ist ein Verbrechen.
<u>Subjektiv:</u> – Vorsatz	<u>Subjektiv:</u> Er handelte mit Wissen und Wollen (Vorsatz).
2. Rechtswidrigkeit	**2. Rechtswidrigkeit** Es liegt kein Rechtfertigungsgrund vor (Rechtswidrigkeit).
3. Schuld	**3. Schuld** Es liegen keine Schuldausschließungs- und Entschuldigungsgründe vor.

Ergebnis: K hat eine Bedrohung begangen.

Lösung zu b) (06 Punkte):

Hypothese: D könnte eine Freiheitsberaubung begangen haben.

Straftatbestand/Tatbestandsmerkmale	Sachverhaltsbezogene Begründung
Freiheitsberaubung § 239 Abs. 1 StGB **1. Tatbestandsmäßigkeit** Objektiv: – Einen Menschen einsperren – oder auf andere Weise – der Freiheit berauben	**1. Tatbestandsmäßigkeit** Objektiv: Da der D nicht unverzüglich die Polizei informierte, nachdem er den K festgenommen hatte, und das Einsperren stundenlang ausdehnte, handelte er tatbestandsmäßig.
Subjektiv: – Vorsatz	Subjektiv: Der SMA handelte mit Wissen und Wollen.
2. Rechtswidrigkeit Rechtfertigungsgrund Vorläufige Festnahme (§ 127 Abs. 1 StPO): – Auf frischer Tat – eine Person festnehmen – die sich nicht ausweisen kann	**2. Rechtswidrigkeit** Jedoch könnte D durch das Recht der Vorläufigen Festnahme (§ 127 Abs. 1 StPO) gerechtfertigt sein. D beobachtet wie K die Kamera nach der Leiterin wirft und versucht vergeblich, ihn zu beruhigen. Als K dem D gegenüber aggressiv wird, kann auch seine Identität nicht festgestellt werden. Damit war das Handeln des D durch das Recht der Vorläufigen Festnahme gerechtfertigt. Es liegt damit keine Straftat vor.
3. Schuld	**3. Schuld** Die Schuld ist hier nicht zu prüfen.

Ergebnis: Die Freiheitsberaubung war durch die vorläufige Festnahme gerechtfertigt.

Beachte

Alle drei Merkmale (Tatbestand, Rechtswidrigkeit, Schuld) müssen vorliegen, damit sich der Täter strafbar gemacht hat. Ist auch nur eines dieser Merkmale nicht erfüllt, wie in diesem Fall, so liegt keine Straftat vor.

Fortführung des Sachverhaltes:

Während eines Kontrollganges beobachten Sie einen Besucher, der mit einem Schraubendreher eine Vitrine gewaltsam öffnet. Daraus entnimmt er ein hochwertiges Ausstellungsstück und verstreckt es unter seinem Mantel. Als er das OSZ verlässt, ohne den Gegenstand zurückzulegen, sprechen Sie ihn an.

Der angesprochene Y gibt zu, das Ausstellungsstück mitgenommen zu haben, um dieses später zu verkaufen. Da er keine gültigen Ausweisdokumente mitführt, verständigen Sie die Polizei.

4. Aufgabe:

Nennen und begründen Sie ausführlich, welche Straftatbestände der Y erfüllt (verletzt) hat.

Lösung (15 Punkte):

Hypothese: Y könnte einen besonders schweren Fall eines Diebstahls begangen haben.

Straftatbestand/Tatbestandsmerkmale	Sachverhaltsbezogene Begründung
Diebstahl in besonders schwerem Fall §§ 242, 243 Abs. 1 Nr. 2 StGB **1. Tatbestandsmäßigkeit** Objektiv: – eine fremde bewegliche Sache, – die durch ein verschlossenes Behältnis gegen Wegnahme besonders gesichert ist, – oder die durch eine Schutzvorrichtung gegen Wegnahme besonders gesichert ist, – wegnehmen.	**1. Tatbestandsmäßigkeit** Objektiv: Der Y öffnet mit einem Schraubendreher unbefugt (rechtswidrig) eine Vitrine (verschlossenes Behältnis/Schutzvorrichtung zur besonderen Sicherung gegen Wegnahme). Er entnimmt aus der Vitrine ein Ausstellungsstück (Brechen fremden Gewahrsams) und verlässt das OSZ (Begründen neuen Gewahrsams). ▶

Subjektiv: – Vorsatz – Zueignungsabsicht	Subjektiv: Der Y handelte mit Wissen und Wollen. Nach eigenen Worten wollte der Y den Gegenstand später verkaufen (rechtswidrige Zueignungsabsicht).
2. Rechtswidrigkeit	**2. Rechtswidrigkeit** K hatte keinen Rechtfertigungsgrund.
3. Schuld	**3. Schuld** Es liegen keine Schuldausschließungs- und Entschuldigungsgründe vor.

Ergebnis: Y hat einen besonders schweren Fall des Diebstahls begangen.

> **Beachte**
>
> Die Regelbeispiele des § 243 StGB sind eigentlich nicht im Tatbestand zu prüfen, sondern in der Strafzumessung. Aus Vereinfachungsgründen wurde hier so verfahren.
>
> Die Sachbeschädigung nach § 303 StGB – Aufhebeln der Vitrine – wird vom Diebstahl im besonders schweren Fall konsumiert, d. h. die Sachbeschädigung muss nicht gesondert geprüft werden.

4.4.2 Sachverhalt „Public Viewing“

Anlässlich eines Fußballturniers in der Sporthalle des OSZ hat die Leiterin auf dem städtischen Sportplatz eine Rasenfläche angemietet, um dort ein „Public Viewing“ als Großveranstaltung mit gastronomischen Angeboten, Bier- und Getränkeausschank durchzuführen. Das Areal ist vollständig umzäunt. Die SiSeA GmbH ist mit der Absicherung des Events einschließlich Zutrittskontrollen beauftragt worden. Es gilt eine Veranstaltungsordnung, die zum friedlichen Verhalten und Befolgen der Anweisungen der Sicherheitskräfte verpflichtet. Alle Besitzdienerrechte sind vertraglich an das Sicherheitsunternehmen übertragen worden. Als Fachkraft/Servicekraft für Schutz und Sicherheit sind Sie an dem Projektteam zur Vorbereitung des Events beteiligt. Eine Kollegin fragt Sie, welche Vorgaben zu beachten sind, wenn ein Teamleiter vor Ort eingesetzt wird, der den eingesetzten Sicherheitsmitarbeitern gegenüber weisungsbefugt ist.

1. Aufgabe:

Nennen Sie drei Voraussetzungen gemäß § 34a GewO/BewachV, die bei der oben genannten Veranstaltung einerseits an den Teamleiter und andererseits an die anderen Sicherheitsmitarbeiter/-innen gestellt werden.

Lösung (08 Punkte):

Hypothese: Gewerbe- und Bewachungsverordnung könnten die unterschiedlichen Voraussetzungen konkret regeln.

Voraussetzungen Teamleiter	Voraussetzungen Sicherheitsmitarbeiter
– Freigabe im Bewacherregister durch die Wohnsitzbehörde	
– Zuverlässigkeit	
– Volljährigkeit	
– Sachkundeprüfung	– Unterrichtungsverfahren (UV)

Ergebnis: Sowohl Teamleiter als auch Sicherheitsmitarbeiter müssen im Bewacherregister freigegeben, zuverlässig und volljährig sein. Sie unterscheiden sich nur im Kenntnisnachweis. Dabei muss der Teamleiter über die Sachkundeprüfung verfügen.

Fortführung des Sachverhaltes:

Aufgrund des zu erwartenden Konfliktpotenzials wird entschieden, dass Sie selbst als erfahrene Fachkraft/Servicekraft die Teamleitung übernehmen sollen. Es ist geplant, dass Sie den Dienst gemeinsam mit einem neuen Kollegen antreten. Vor Dienstbeginn erklärt er Ihnen, dass er sich noch ein Reizstoffsprühgerät besorgen und dieses in der Tasche seiner Diensthose mitführen wolle, um sich im Bedarfsfall besser zur Wehr setzen zu können. Er sei sich aber nicht sicher, ob das zulässig ist.

2. Aufgabe:

Erläutern Sie Ihrem neuen Kollegen die für Sicherheitsmitarbeiter/-innen geltenden Bestimmungen in der Bewachungsverordnung über das Mitführen und Einsetzen von Waffen und Reizstoffsprühgeräten.

Lösung (06 Punkte):

Hypothese: Die Bewachungsverordnung könnte konkrete Regeln im Umgang mit Waffen enthalten.

Rechtsgrundlage	Inhalte
§ 17 BewachV (Dienstanweisung)	Reizstoffsprühgeräte (RSG) dürfen nur mit Zustimmung des Gewerbetreibenden im Dienst mitgeführt werden. Der Gebrauch von RSG ist unverzüglich dem Gewerbetreibenden und der Polizei anzuzeigen/zu melden. Diese Regelungen hat die verpflichtende Dienstanweisung zu enthalten.

Ergebnis: Auf Grundlage der Bewachungsverordnung muss die Dienstanweisung die aufgeführten Regeln beinhalten.

Fortführung des Sachverhaltes:

Die Stimmung unter den Besuchern während der Vorrunde des Fußball-Turniers ist ausgelassen und friedlich. Dies ändert sich aber schnell, als die ersten nationalen Fußballteams ausscheiden.

An einem Getränkestand sind zwei alkoholisierte Fußballfans in einen heftigen Streit geraten, der zu eskalieren droht. Sie und mehrere Kollegen werden zur Unterstützung herbeigerufen. Sie fordern die beiden Männer auf, sich ab sofort friedlich zu verhalten oder das Areal zu verlassen. Da diese sich weigern, wenden Sie und Ihre Kollegen einfache Hebelgriffe an und drängen beide Gäste gegen deren Willen vom Gelände.

3. Aufgabe:

a) Erläutern Sie das Verhalten der beiden Fußballfans aus zivilrechtlicher Sicht.

b) Erläutern Sie die zivilrechtlichen Grundlagen, auf die Sie und Ihre Kollegen sich stützen können.

Lösung zu a) (06 Punkte):

Hypothese: Die beiden Fußballfans könnten eine verbotene Eigenmacht begangen haben.

Rechtsgrundlage/Voraussetzungen	Sachverhaltsbezogene Begründung
Verbotene Eigenmacht § 858 Abs. 1 BGB	
Voraussetzungen	**Voraussetzungen**
Objektiv: – andauernde Besitzstörung	Objektiv: Die beiden Fußballfans begehen eine Besitzstörung, da sie gegen die festgelegten Regeln der Veranstaltung verstoßen.
Subjektiv: – gegen den Willen des Besitzers	Subjektiv: Die Fans handelten gegen den Besitzerwillen.

Ergebnis: Die Fußballfans müssen sich für ihre verbotene Eigenmacht verantworten.

Lösung zu b) (10 Punkte):

Hypothese: Das Handeln könnte auf das Recht der Selbsthilfe des Besitzdieners gestützt werden.

Rechtsgrundlage/Voraussetzungen	Sachverhaltsbezogene Begründung
Selbsthilfe des Besitzers bzw. Besitzdieners bei verbotener Eigenmacht §§ 859, 860, 855, 858 BGB	
Voraussetzungen	**Voraussetzungen**
Objektiv: Der Besitzer darf sich – verbotener Eigenmacht (Besitzentzug), – erwehren (Besitzkehr). Das gleiche Recht steht dem Besitzdiener zu.	Objektiv: Die SMA können als Besitzdiener die Selbsthilferechte des Besitzers wahrnehmen. Sie dürfen sich damit der verbotenen Eigenmacht (Besitzstörung) der beiden Fußballfans erwehren und sie mittels Gewalt vom Gelände (Besitz) entfernen (Besitzwehr).
Subjektiv: – Handeln im Willen des Besitzers.	Subjektiv: Sie handelte vertraglich im Willen des Besitzers.

Ergebnis: Das Einschreiten war durch Selbsthilfe des Besitzdieners gerechtfertigt.

Fortführung des Sachverhaltes:

Ein dramatisches Spiel zweier gleichstarker Mannschaften ist im Viertel-Finale durch einen nicht gerechtfertigten Elfmeter entschieden worden. Die Stimmung ist äußerst gereizt, viele Besucher äußern Ihren Unmut lautstark. Als der Trainer der nun siegreichen Mannschaft im anschließenden Interview triumphierend auftritt, wirft ein aufgebrachter Gast seinen Kunststoffstuhl wütend gegen einen der Flachbildschirme. Letzterer kippt nach hinten, fällt auf den Boden und wird stark beschädigt. Der Flachbildschirm lässt sich nicht mehr reparieren.

4. Aufgabe:

Erläutern Sie, gegen welche strafrechtliche Bestimmung der Gast verstoßen hat.

Lösung (06 Punkte):

Hypothese: Der Gast könnte eine Sachbeschädigung begangen haben.

Straftatbestand/Tatbestandsmerkmale	Sachverhaltsbezogene Begründung
Sachbeschädigung §§ 303 Abs. 1 StGB	
1. Tatbestandsmäßigkeit Objektiv: – eine fremde Sache – zerstören	**1. Tatbestandsmäßigkeit** Objektiv: Indem der Gast den Kunststoffstuhl gegen den Flachbildschirm wirft und dieser beim Zubodenfallen zerstört wird, handelt er objektiv tatbestandmäßig. Da er nicht mehr zu reparieren ist, ist er zerstört.
Subjektiv: – Vorsatz	Subjektiv: Der Gast handelt mit Wissen und Wollen (Vorsatz).
2. Rechtswidrigkeit	**2. Rechtswidrigkeit** Es liegen keine Rechtfertigungsgründe vor.
3. Schuld	**3. Schuld** Es liegen keine Schuldausschließungs- und Entschuldigungsgründe vor.
4. Strafverfolgungsvoraussetzung – Antragsdelikt	**4. Strafverfolgungsvoraussetzungen** Die Tat wird nur auf Antrag nach § 303c StGB verfolgt.

Ergebnis: Der Gast beging eine Sachbeschädigung.

Fortführung des Sachverhaltes:

Daraufhin versucht der Gast, der den Stuhl geworfen hat, das Gelände umgehend mit schnellen Schritten zu verlassen. Da Sie sich dem Mann in den Weg stellen, wird dieser aggressiv und brüllt: *„Hau bloß ab, sonst gibt's Prügel, bis du verreckst!"*

5. Aufgabe:

Erläutern Sie, wie das Verhalten des Mannes strafrechtlich zu beurteilen ist.

(Auf den Tatbestand der Nötigung ist nicht einzugehen.)

Lösung (06 Punkte):

Hypothese: Der Mann könnte sich einer Bedrohung strafbar gemacht haben.

Straftatbestand/Tatbestandsmerkmale	Sachverhaltsbezogene Begründung
Bedrohung § 241 Abs. 1 StGB	
1. Tatbestandsmäßigkeit Objektiv: – einen Menschen – mit der Begehung eines gegen ihn gerichteten Verbrechens – bedrohen.	**1. Tatbestandsmäßigkeit** Objektiv: Indem der Gast dem SMA *„Prügel, bis du verreckst“* androht, stellt er ihm schwere Verletzungen oder gar den Tod in Aussicht. Dies ist eine Drohung mit einem Verbrechen (schwere KV oder Totschlag).
Subjektiv: – Vorsatz	Subjektiv: Die Androhung wurde vom Täter auch so gewollt (Vorsatz).
2. Rechtswidrigkeit	**2. Rechtswidrigkeit** Rechtfertigungsgründe sind nicht vorhanden.
3. Schuld	**3. Schuld** Es liegen keine Entschuldigungs- und Schuldausschließungsgründe vor.

Ergebnis: Der Mann hat eine Bedrohung begangen.

Beachte

Eigentlich stellt das Verhalten des Gastes zudem eine Nötigung dar, jedoch war darauf nicht einzugehen – siehe Aufgabenstellung!

Fortführung des Sachverhaltes:

Gemeinsam mit einem Kollegen gelingt es Ihnen, den Täter festzuhalten. Da er sich weigert sich auszuweisen, verständigen Sie unverzüglich die Polizei.

6. Aufgabe:

Erläutern Sie die Rechtsgrundlage, nach der Sie gehandelt haben.

Lösung (08 Punkte):

Hypothese: Die Freiheitsberaubung könnte durch eine vorläufige Festnahme gerechtfertigt sein.

Rechtsgrundlage/Voraussetzungen	Sachverhaltsbezogene Begründung
Vorläufige Festnahme § 127 Abs. 1 StPO	
Voraussetzungen Objektiv: – Straftat – auf frischer Tat betroffen – Identitätsfeststellung nicht möglich	**Voraussetzungen** Objektiv: Der Gast hat mehrere Straftaten begangen (Sachbeschädigung, Bedrohung). Er wurde dabei von den SMA betroffen, da er die Straftaten in deren Beisein verübte. Seine Personalien sind nicht bekannt und er wies sich auch nicht aus.
Subjektiv: – Strafverfolgungszuführungswillen	Subjektiv: Die SMA handelten im Rahmen ihres Sicherungsauftrages im Willen, ihn der Strafverfolgung (Polizei) zuzuführen.

Ergebnis: Die Freiheitsberaubung war durch die vorläufige Festnahme gerechtfertigt.

5 Zwischenprüfung Servicekraft für Schutz und Sicherheit

5.1 Anforderungen

In der Berufsausbildung der **Servicekraft für Schutz und Sicherheit** ist nach wie vor eine **Zwischenprüfung** durchzuführen. Diese soll zu Beginn des zweiten Ausbildungsjahres absolviert werden, in der Praxis bieten die Industrie- und Handelskammern jeweils eine Frühjahrs- und eine Herbstprüfung an. Das Ziel dieses Prüfungsteils ist es, den Ausbildungsstand festzustellen. Dabei erstreckt er sich auf die im Ausbildungsrahmenplan für das erste Ausbildungsjahr aufgeführten Fertigkeiten, Kenntnisse und Fähigkeiten sowie auf den im Berufsschulunterricht zu vermittelnden Lehrstoff, soweit er für die Berufsausbildung wesentlich ist.[23]

Anforderungen der Zwischenprüfung zur Servicekraft für Schutz und Sicherheit (SKSS)
- 90 Minuten Bearbeitungszeit - 100 erreichbare Punkte - Insgesamt 40 Fragestellungen - Sechs Fragestellungen zu Rechtsgrundlagen (15 Prozent) - Mehrfachauswahlantworten, Zuordnungen

Darstellung 27: Prüfungsanforderungen der Zwischenprüfung

23 Verordnung über die Berufsausbildung „Servicekraft für Schutz und Sicherheit“ § 5.

Die Zwischenprüfung findet im Prüfungsbereich Schutz und Sicherheit statt. Für diesen Prüfungsbereich besteht die Vorgabe, dass die Prüflinge die nachfolgenden **Nachweise** erbringen können. Dabei sollen sie

a) Gefährdungspotenziale erkennen,

b) Maßnahmen der Sicherung durchführen und dokumentieren,

c) ihr Verhalten an sicherheitsrelevante Situationen anpassen sowie

d) dabei den rechtlichen Handlungsrahmen beachten.[24]

Aus diesen Aspekten ergibt sich ein **Prüfungsraster**, welches der ZPA Nord-West veröffentlicht hat.[25] Die Anwendung dieser Festlegungen erfolgte erstmals mit der Frühjahrsprüfung im Jahr 2010. Für die Prüfungsteilnehmer ergibt sich so auf den ersten Blick eine überschaubare Aufteilung der Zwischenprüfung. Schaut man sich den Katalog aber näher an, erkennt man die Vielfältigkeit der möglichen Inhalte. Die Prüfung ohne eine effektive und sinnhafte Vorbereitung zu bestehen, bleibt damit ein riskantes Vorhaben. Nur mit einer erfolgreichen Zwischenprüfung können die Prüfungsteilnehmer schließlich ihrem Ausbildungsbetrieb zeigen, dass sie auf der Höhe der Anforderungen sind, wenngleich ein „Bestehen" im eigentlichen Sinne nicht gefordert ist. Hier genügt die tatsächliche Teilnahme.

24 Ebenda §§ 3, 4.

25 ZPA Nord-West (Hrsg.): Prüfungskatalog für die IHK Zwischenprüfung Servicekraft für Schutz und Sicherheit, Köln Juli 2009, S. 4.

Prüfungs-/Anforderungsbereiche	Anzahl der Aufgaben	Gewichtung
a) Gefährdungspotenziale erkennen	2	5 %
b) Maßnahmen der Sicherung durchführen und dokumentieren	12	30 %
c) Verhalten an sicherheitsrelevante Situationen anpassen	12	30 %
d) Rechtlichen Handlungsrahmen beachten:		
– **Rechtsgrundlagen für Sicherheitsdienste**	**6**	**15 %**
– Berufsbildung, Arbeits- und Tarifrecht – Aufbau und Organisation des Ausbildungsbetriebes – Sicherheitsbereiche – Sicherheit und Gesundheitsschutz bei der Arbeit – Umweltschutz	8	20 %

Darstellung 28: Raster der Zwischenprüfung (nach ZPA Nord-West)

Das vorliegende Werk beschäftigt sich im Weiteren ausschließlich mit dem Anforderungsbereich „**Rechtsgrundlagen für Sicherheitsdienste**" und mit den jeweils sechs dazugehörigen Fragestellungen in jeder Prüfung. Die **Inhalte** des Prüfungskataloges sind in der nachfolgenden Tabelle dargestellt. Die Inhalte unterscheiden sich auf den ersten Blick wenig von denen der Abschlussprüfung. Es fehlt allerdings der Bereich „Gefährdungssituationen rechtlich bewerten" gänzlich, da dieser dem Lernfeld 5 zugeordnet wird und somit erst Gegenstand der Ausbildung im zweiten Ausbildungsjahr ist. Darüber hinaus sind die weiteren Wissensgebiete auf die Inhalte der Lernfelder 1, 3 und 4 begrenzt.

Lernfeldbezug	Themenbereiche
Rechtsgrundlagen des Handlungsrahmens für Sicherheitsdienste beachten und anwenden. Lernfelder 1, 3, 4	Gewerbeordnung, Bewachungsverordnung Berufsgenossenschaftliche Vorschriften Strafgesetzbuch
Rechte von Personen und Institutionen beachten. Lernfeld 3	Grundgesetz Selbsthilferechte Bürgerliches Gesetzbuch
Rechtsverstöße erkennen und beurteilen. Lernfelder 3, 4	Rechtsgrundlagen des Straf- und Strafverfahrensrechts Eingriffsrechte mit rechtfertigender Wirkung, Rechtfertigungsgründe

Darstellung 29: Inhalte des Prüfungskataloges des ZPA Nord-West zur Zwischenprüfung

5.2 Auswertung bisheriger Prüfungen

Die Aufgabenstellungen in der Zwischenprüfung unterscheiden sich von denen in der Abschlussprüfung nicht nur in der Zielrichtung, sondern vor allem im **Anforderungsbereich**. Der ZPA Nord-West unterscheidet zwischen konventionellen Aufgaben (sog. „ungebundene“) und maschinell auswertbaren Aufgaben (sog. „gebundene“).

Maschinell auswertbare Aufgaben sind nicht in ausführlicher schriftlicher Form zu beantworten, sondern durch die Eintragung einer oder mehrerer Zahlen oder eines Wortes in ein auf einem Lösungsbogen vorgegebenes Antwortschema. Die Bewertung der Prüfungsleistungen erfolgt zentral nach einer Musterlösung durch eine maschinelle Auswertung mit entsprechenden Auswertungsdateien. Die Komplexität maschinell auswertbarer Aufgaben steigt ausgehend von Mehrfachwahlaufgaben über Zuordnungsaufgaben stetig an bis hin zu Offen-Antwort-Aufgaben.[26]

26 ZPA Nord-West: Website – Prüfungen – Methoden – Aufgabentypen (https://www.ihk-zpa.de/) letzter Zugriff 29.03.2020.

Bei den Aufgaben zu den „Rechtsgrundlagen“ handelte es sich bisher vorrangig um Mehrfachwahlaufgaben. Die Fragestellungen zu diesem Bereich waren bisher in den Aufgaben Nr. 27 bis 32 zu finden. In einigen Prüfungen (Frühjahr 2012, 2015, 2016, 2017 und Herbst 2017, 2019) war jeweils eine weitere Aufgabe enthalten, die man durchaus den Rechtsgrundlagen zuordnen könnte. Dabei ging es in drei Fällen um die DGUV-Vorschrift 23, in einem Fall um das Bewachungsrecht, in einem weiteren Fall um das Waffenrecht sowie um die Unterscheidung von öffentlichem und nichtöffentlichem Verkehrsraum.

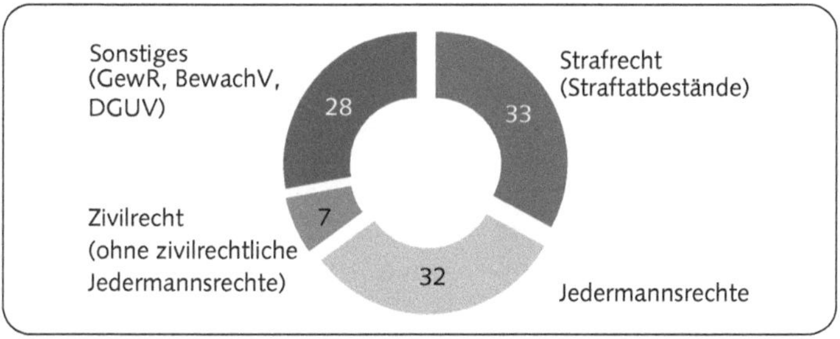

Darstellung 30: Verteilung der Themenkomplexe in den Prüfungen Frühjahr 2010 bis Herbst 2019

5.3 Lösungsstrategien

5.3.1 Allgemeine Hinweise

Die beste Lösungsstrategie ist im Vorfeld der Prüfung zu verwirklichen, nämlich die umfassende Wissensaneignung. Die für 90 Minuten angelegte schriftliche Prüfung mit 40 Fragen bedingt auch ein entsprechendes **Zeitmanagement**. Somit stehen in der Regel zwei Minuten für die Lösung einer Aufgabe zur Verfügung, wenn man die Restzeit für allgemeine Tätigkeiten wie Überblickverschaffen, Namenseintragung und abschließende Kontrolle einplant.

Die Prüfungsteilnehmer erhalten jeweils einen **Aufgabensatz** und einen **Lösungsbogen**. Auf dem Lösungsbogen sind die Auswahlen einzutragen. Hilfsmittel sind für die Zwischenprüfung nicht zugelassen.

Folgende **Hinweise** können für den erfolgreichen Ablauf der Prüfung bedeutsam sein:[27]

- Kontrollieren Sie die Vollständigkeit ihrer Prüfungsunterlagen. Falls etwas fehlt: Informieren Sie die Aufsicht.
- Lesen Sie die Fragen und Antwortvorschläge genau durch. Achten Sie auf Feinheiten in der Formulierung (z.B. das Fehlen eines Wortes, aber auch das Auswechseln der Worte „oder“ bzw. „und“ können den Sinn so verändern, dass aus „richtig“ nunmehr „falsch“ wird).
- Beachten Sie das sich aus der Fragestellung ergebene Sachgebiet, zu dem diese gehört. Auf diese Weise können Sie Zweifel an der Richtigkeit besser ausschließen.
- Führen Sie eindeutige Einträge in den dafür vorgesehenen Feldern des Antwortbogens durch.
- Sollten Sie sicher sein, dass ein von Ihnen getätigter Eintrag falsch ist, dann korrigieren Sie den Fehler mit größtmöglicher Eindeutigkeit. Damit helfen Sie, Bewertungsfehler zu vermeiden.
- Achten Sie auf ihr Zeitmanagement.
- Falls Sie auf eine für Sie scheinbar unlösbare Aufgabe gestoßen sind, überspringen Sie diese und beantworten zuerst die für Sie lösbaren Fragestellungen.
- Prüfen Sie vor Abgabe ihrer Unterlagen, ob Sie alle Fragen beantwortet haben. Unbeantwortete Fragen/Aufgaben bringen keine Punkte!
- Achten Sie auf die Hinweise in den Aufgabenstellungen.
- Bei ausreichender Zeit lesen Sie ihre Antworten nochmals kritisch durch, achten Sie dabei auch auf die Formalien (Eintragung des Namens und der Prüfungsnummer auf dem Lösungsbogen).

27 Jochmann/Zitzmann/Pabst: Sachkundeprüfung im Bewachungsgewerbe, 12. Auflage, Stuttgart 2020.

Da es nicht vorgesehen ist, eine Zwischenprüfung zur Leistungsverbesserung wiederholen zu können, werden diese Hinweise dazu beitragen, bereits beim ersten Versuch ein vorzeigbares Ergebnis zu erzielen. Dadurch können die Absolventen ihren Ausbildungsstand belegen und dem Ausbildungsbetrieb den Nachweis erbringen, die begonnene Berufsausbildung auch erfolgreich beenden zu können.

5.3.2 Mehrfachwahlaufgaben

Die bisherigen Prüfungsaufgaben im Rechtsbereich bestanden vorrangig aus **Mehrfachwahlaufgaben**. Wie bereits erwähnt, sind dabei aus mehreren numerisch gekennzeichneten Auswahlantworten eine oder mehrere richtige Lösungen auszuwählen und die Lösungsziffern in vorgegebene Kästchen, die auf einem separaten Lösungsbogen zusammengefasst sind, einzutragen.

Bei der Gestaltung der Prüfungsaufgaben können die Prüfungsteilnehmer die Anzahl der falschen Auswahlantworten (sog. „Distraktoren" – Ablenker) und die Anzahl der richtigen Antworten (sog. „Attraktoren") grundsätzlich frei wählen.

In IHK-Prüfungen werden grundsätzlich **„1 aus 5"- und „2 aus 6"- Aufgaben** eingesetzt. Mit diesen Aufgaben ist einerseits die Wahrscheinlichkeit, dass die Musterlösung per Zufall erraten wird, vertretbar gering, andererseits kann in der Aufgabenerstellung aber noch eine ausreichende Zahl plausibler Ablenker (Distraktoren) formuliert werden. Bei Mehrfachwahlaufgaben sind die Antwortmöglichkeiten ausschließlich an die mit der Aufgabenstellung vorgegebenen Auswahlantworten „gebunden", daher können Aufgaben dieses Typs zutreffend als „gebundene" Aufgaben bezeichnet werden.[28]

Die „Kunst" bei dieser Art von Aufgaben besteht darin, sich nicht durch die Ablenker verwirren zu lassen. Denn diese sind in erster Linie so formuliert, dass sie einerseits nicht sofort als solche erkennbar sind, jedoch andererseits nicht als richtige Antwort (Attraktor) gesehen werden.

28 ZPA Nord-West, vgl. ebenda.

Folgende **Hinweise** sollten bei Mehrfachwahlaufgaben Beachtung finden:

- Achten Sie auf die Hinweise in den Frage-/Aufgabenstellungen, wie zum Beispiel die Anzahl der geforderten Antworten (eins oder zwei).
- Achten Sie auf Formulierungen, die den Gesetzestexten entsprechen.
- Nehmen Sie Füllwörter zur Kenntnis und bewerten Sie diese.
- Achten Sie auf Wortgruppen, die nicht in rechtliche Formulierungen passen wie zum Beispiel: „auf jeden Fall“ oder „immer“.

6 Fallbeispiele Rechtsgrundlagen für Sicherheitsdienste

Um die zuvor beschriebenen Anforderungen der Zwischenprüfung zu verdeutlichen wird nachfolgend eine **bespielhafte Prüfung** mit den dazugehörigen **Lösungen** dargestellt. Es versteht sich von selbst, dass dieses Fallbeispiel keinen Anspruch auf die Gestaltung künftiger Prüfungen hat. Der Gestaltungsspielraum ergibt sich einzig aus der Prüfungsordnung und der dazu erlassenen Folgevorschriften.

6.1 Beispielprüfung I

1. Aufgabe:

Zwei Personen, die sich erst seit kurzer Zeit aus gemeinsamer Freizeitgestaltung kennen, führen gemeinschaftlich handelnd einen Einbruch in einem Supermarkt durch. Dabei benutzt der eine sein eigenes Kraftfahrzeug, der andere fährt nur mit. Das erlangte Diebesgut teilen sich beide auf.

Welche der folgenden Aussagen treffen unter strafrechtlichen Gesichtspunkten auf die Mittäterschaft gemäß § 25 Abs. 2 StGB zu?

Tragen Sie die Ziffern von zwei zutreffenden Aussagen in die Kästchen ein.

1. Da sich beide Täter nur oberflächlich kennen, ist eine Mittäterschaft nicht gegeben.
2. Um die Mittäterschaft zu begründen, müsste das Kraftfahrzeug beiden Personen gehören.
3. Da beide gemeinschaftlich handelnd eine Straftat begehen, wird jeder zum Mittäter.
4. Der eine der beiden Täter leistet als Fahrzeugführer nur Beihilfe.

5. Da sich beide lange kennen, ist der eine Anstifter für die Straftat des anderen.
6. Die gemeinsam begangene Straftat und die Aufteilung des Diebesgutes sind Merkmale für eine Mittäterschaft.

Lösung: ☐ ☐

2. Aufgabe:

Im Rahmen einer mobilen Sicherungsdienstleistung beobachten Sie zwei Personen, die an einem geparkten Kundenkraftfahrzeug die Seitenscheiben einschlagen und versuchen, das darin befindliche Navigationsgerät auszubauen. Sie sprechen beide Tatverdächtige auf Ihr Verhalten an und erklären beiden Unbekannten, dass Sie sie vorläufig festnehmen.

Welche der folgenden Aussagen sind im Zusammenhang mit § 127 Abs. 1 StPO zutreffend?

Tragen Sie die Ziffern von zwei zutreffenden Aussagen in die Kästchen ein.

1. Die beiden unbekannten Männer wurden auf frischer Tat bei der Ausübung einer Straftat angetroffen.
2. Vor der Festnahme hätte ich die Polizei verständigen müssen.
3. Da die beiden Unbekannten nur eine rechtswidrige Tat begangen haben, war die Festnahme unzulässig.
4. Da die Identität der beiden Personen nicht feststand, war die vorläufige Festnahme gerechtfertigt.
5. Für das sofortige Einschreiten fehlte die Gefahr im Verzug.
6. Bei zwei Tätern ist für die Festnahme ein weiterer Kollege rechtlich erforderlich.

Lösung: ☐ ☐

3. Aufgabe:

Sie sind im Rahmen einer stationären Sicherungsdienstleistung als Kontroll- und Empfangsdienst in einem Betrieb eingesetzt. Bei einer Personenkontrolle, die Sie laut Betriebsvereinbarung durchzuführen haben, finden Sie in einem Rucksack eines namentlich bekannten Beschäftigen eine im Eigentum des Betriebes stehende Bohrmaschine.

Welche der folgenden Aussagen ist zutreffend?

Tragen Sie die Ziffer der zutreffenden Aussage in das Kästchen ein.

1. Da es sich nur um einen Diebstahlsversuch handelt, kann ich nichts machen.
2. Weil ich nur Besitzdiener bin, besteht keine Handlungsmöglichkeit.
3. Auf Grund der verbotenen Eigenmacht des Beschäftigten bin ich zur Besitzkehr berechtigt und kann die Bohrmaschine für den Betrieb an mich nehmen.
4. Ich informiere den Betriebsrat.
5. Ich muss zwingend die Polizei hinzuziehen, bevor ich handeln kann.

Lösung: ☐

4. Aufgabe:

Als Servicekraft für Schutz und Sicherheit müssen Sie die Voraussetzungen der erlaubnispflichtigen Tätigkeiten nach § 34a der Gewerbeordnung kennen und beachten.

Für welche der folgenden Bewachungstätigkeiten ist der Nachweis einer erfolgreich absolvierten Sachkundeprüfung rechtlich erforderlich?

Tragen Sie die Ziffern von zwei zutreffenden Aussagen in die Kästchen ein.

1. Personenschutz.
2. Geld- und Werttransport.
3. Schutz vor Ladendieben.
4. Kurierdienst.

5. Kontrollgänge im Hausrechtsbereich mit tatsächlich öffentlichem Verkehr.
6. Sicherheitsposten im Gleisbereich der Deutschen Bahn.

Lösung: ☐ ☐

5. Aufgabe:

Sie sind als Servicekraft für Schutz und Sicherheit mit einem Kollegen auf dem Betriebsgelände des Wachobjektes mit der Aufnahme eines Verkehrsunfalles mit Personenschaden beschäftigt. Dabei beobachten Sie, wie ein Unbeteiligter aus dem Handschuhfach eines der unfallbeteiligten Kraftfahrzeuge ein Portemonnaie herausholt und dieses sofort in seine Jackentasche steckt.

Welche der folgenden Aussagen treffen unter strafrechtlichen Gesichtspunkten auf die Situation zu?

Tragen Sie die Ziffern von zwei zutreffenden Aussagen in die Kästchen ein.

1. Es handelt sich hier um eine Fundunterschlagung.
2. Es liegt noch kein vollendeter Versuch eines Diebstahls vor, da die Person noch am Unfallort ist.
3. Da die Person die Unfallsituation für sich ausnutzt, liegt ein räuberischer Diebstahl vor.
4. Die Person hat sich eine fremde bewegliche Sache (das Portemonnaie) rechtswidrig zugeeignet.
5. Das Portemonnaie wurde unter Ausnutzung eines Unglücksfalls entwendet, damit liegt ein besonders schwerer Fall des Diebstahls vor.
6. Der Unbekannte hat das Portemonnaie berechtigterweise in Verwahrung genommen.

Lösung: ☐ ☐

6. Aufgabe:

Ihr Einsatz als Servicekraft für Schutz und Sicherheit erfolgt zur Absicherung der Liegenschaften der städtischen Verwaltung. Er herrschen Temperaturen von über 37 Grad Celsius. Auf dem von Ihnen zu kontrollierenden Parkplatz der Stadtverwaltung steht ein Personenkraftwagen (PKW) in der prallen Sonne. Im Fahrzeug befindet sich ein weinendes Kleinkind. Der PKW samt Fenster sind verschlossen. Nachdem Ihre Versuche, den Fahrzeugführer ausfindig zu machen und die Polizei zur Hilfe herbeizurufen scheitern, entschließen Sie sich zum Handeln. Sie schlagen eine Seitenscheibe des PKW ein und retten so das Kind vor weiteren Schädigungen.

Welche der folgenden Aussagen ist rechtlich zutreffend?

Tragen Sie die Ziffer der zutreffenden Aussage in das Kästchen ein.

1. Sie werden auf jeden Fall bestraft.
2. Sie sind auf jeden Fall zum Schadenersatz verpflichtet.
3. Sie dürfen nicht eingreifen, da der Eigentümer des PKW mit der Sache nach Belieben verfahren darf.
4. Sie haben tatbestandsmäßig, rechtswidrig und schuldhaft eine Sachbeschädigung begangen.
5. Sie haben nach den Voraussetzungen des rechtfertigenden Notstandes gehandelt und sind deshalb nicht strafrechtlich belangbar.

Lösung: ☐

6.2 Beispielprüfung II

1. Aufgabe:

In § 34a der Gewerbeordnung sind grundlegende rechtliche Voraussetzungen für das Betreiben eines Bewachungsgewerbes vorgeschrieben.

Welche der folgenden Voraussetzungen sind für den Gewerbebetreibenden erforderlich, um die gesetzlichen Vorgaben zu erfüllen?

Tragen Sie die Ziffern von zwei zutreffenden Voraussetzungen in die Kästchen ein.

1. Der Antragsteller muss im Besitz eines behördlichen Waffensachkundenachweises sein.
2. Der Gewerbebetreibende muss für den Gewerbebetrieb die erforderliche Zuverlässigkeit besitzen.
3. Der Antragsteller muss durch eine Bescheinigung des Kraftfahrtbundesamtes nachweisen, dass keine Verkehrsordnungswidrigkeitsverfahren gegen ihn vorliegen.
4. Der Antragsteller muss durch eine Bescheinigung einer Industrie- und Handelskammer nachweisen, dass er eine Sachkundeprüfung im Bewachungsgewerbe erfolgreich abgelegt hat.
5. Der zukünftige Gewerbebetreibende muss bereits zwei Jahre in der Bewachung tätig gewesen sein und dies nachweisen.
6. Der Antragsteller muss mindestens eine abgeschlossene Berufsausbildung als Servicekraft für Schutz und Sicherheit nachweisen.

Lösung: ☐ ☐

2. Aufgabe:

Unerlaubte Handlungen, die im Sinne von § 823 BGB vorsätzlich oder fahrlässig die Rechtsgüter eines anderen verletzen, verpflichten den Verursacher zum Ersatz des daraus entstandenen Schadens.

Welche der folgenden Rechtsgüter unterliegen dem besonderen Schutz des § 823 Abs. 1 BGB?

Tragen Sie die Ziffern von zwei zutreffenden Voraussetzungen in die Kästchen ein

1. Schutz der individuellen Freizeitmobilität.
2. Nachbarschaftshilfe bei Überschwemmung durch Hochwasser.
3. Schutz der Gesundheit.
4. Recht auf freie und ungestörte Nutzung des Internet.
5. Unterstützung von hilfebedürftigen Eltern.
6. Schutz des Eigentums.

Lösungen: ☐ ☐

3. Aufgabe:

Zur Verwirklichung des Straftatbestandes des Diebstahls in besonders schwerem Fall gemäß § 243 StGB gibt es unterschiedliche Tatalternativen.

Welche der folgende Tatalternativen/Regelbeispiele sind § 243 StGB zuzuordnen?

Tragen Sie die Ziffern von zwei zutreffenden Voraussetzungen in die Kästchen ein.

1. Begehen durch Unterlassen
2. Einbrechen in ein Gebäude, Dienst- oder Geschäftsraum oder in einen umschlossenen Raum.
3. Mitführen einer Waffe oder eines gefährlichen Gegenstandes.
4. Begehen des Diebstahls als Mitglied einer Bande.

5. Ausnutzung der Hilflosigkeit einer Person zur Begehung des Diebstahls.
6. Ingebrauchnehmen eines Kraftfahrzeuges gegen den Willen des Berechtigten.

Lösungen: ☐ ☐

4. Aufgabe:

In Artikel 2 des Grundgesetzes (GG) werden die allgemeine Handlungsfreiheit sowie die Freiheit der Person geschützt. Mit drei Schutzbereichen will Artikel 2 des GG das Freiheitsrecht von Personen gewährleisten.

Welche der folgenden Schutzbereiche sind durch Artikel 2 GG geschützt?

Tragen Sie die Ziffern von zwei zutreffenden Voraussetzungen in die Kästchen ein.

1. Der Staat muss gewährleisten, dass man an allen Universitäten studieren kann.
2. Das Recht auf soziale Unterstützung.
3. Das Recht auf freie Entfaltung der Persönlichkeit.
4. Das Recht der Gleichberechtigung von Frauen, Männern und Diversen.
5. Das Recht auf Leben und körperliche Unversehrtheit.
6. Das Recht auf Freiheitsentziehung nur durch die Polizei.

Lösung: ☐ ☐

5. Aufgabe:

Ein starkes Gewitter hat schwere Schäden auf dem Betriebsgelände, auf dem Sie als Servicekraft für Schutz und Sicherheit tätig sind, verursacht. Während eines angeordneten Kontrollgangs stellen Sie fest, dass ein Baum auf einen Radweg gestürzt ist. Der Radweg ist stark befahren, sodass bei Nichtbeseitigung die akute Gefahr von Stürzen für Radfahrer besteht.

Welche der folgenden Maßnahmen sind auf Grund der vertraglichen Garantenstellung zur Verhinderung einer Straftat in Verbindung mit § 13 StGB (Begehen durch Unterlassen) unbedingt zu ergreifen?

Tragen Sie die Ziffern von zwei zutreffenden Voraussetzungen in die Kästchen ein.

1. Sofortige Verständigung des Betriebsleiters.
2. Kontrollauftrag an die nächste Streife weitergeben.
3. Wahrnehmen der Garantenstellung durch wirksame Absicherungsmaßnahmen.
4. Pressestelle des eigenen Sicherheitsunternehmens verständigen.
5. Absperrband und Umleitungsschilder auf dem Dienstweg bestellen.
6. Sofortige Verkehrssicherungs-/Absperrmaßnahmen zur Verhinderung von Unfällen durchführen.

Lösung: ☐ ☐

6. Aufgabe:

Sie sind als Servicekraft für Schutz und Sicherheit im stationären Sicherungsdienst im Eingangsbereich eines Museums als Empfangsdienst eingesetzt. Die Hausordnung schreibt unter anderem vor, dass sämtliche mitgeführte Behältnisse an der Garderobe abzugeben sind. Vor Ihnen erscheint eine männliche Person, die mit einem Rucksack über der Schulter das Museum betreten will. Sie weisen sie auf die Hausordnung hin und bitten sie zur Garderobe zu gehen und den Rucksack abzugeben. Dem widersetzt sich die nun verärgerte Person indem sie sich abrupt umdreht und ihren Rucksack im großen Bogen provokativ auf den Rücken schwingt. Dabei rutscht ihr der Rucksack von der Schulter und schlägt auf eine Glasvitrine, die dadurch zu Bruch geht.

Wie ist das Verhalten der Person rechtlich zu bewerten?

Tragen Sie die Ziffer von der zutreffenden Aussage in das Kästchen ein.

Das Verhalten der Person ist ein/eine

1. Unerlaubte Handlung gem. § 823 BGB.
2. Sachbeschädigung gem. § 303 StGB.
3. Ordnungswidrigkeit nach § 1 OWiG.
4. Verbotene Eigenmacht gem. § 858 BGB.
5. Folgenfreies Fehlverhalten, da die Rechtswidrigkeit fehlt.

Lösung: ☐

Beachte

Die Beispiele zeigen zum Einen, dass das Anforderungsniveau der Zwischenprüfung sich deutlich von dem der Abschlussprüfung unterscheidet und zum Anderen, dass fundiertes Rechtswissen auch zur richtigen Beantwortung solcher Fragestellungen erforderlich ist.

6.3 Lösungen

Zur Beispielsprüfung I

1. [3] [6]
2. [1] [4]
3. [3]
4. [3] [5]
5. [4] [5]
6. [5]

Zur Beispielsprüfung II

1. [2] [4]
2. [3] [6]
3. [2] [5]
4. [3] [5]
5. [3] [6]
6. [1]

Stichwortverzeichnis